ŒUVRES COMPLÈTES

DE

GEORGE SAND

FLAMARANDE

MICHEL LÉVY FRÈRES, ÉDITEURS

ŒUVRES COMPLÈTES
DE
GEORGE SAND

Nouvelle édition, format grand in 18

Les Amours de l'âge d'or....... 1 vol.	Jeanne....................... 1 vol.
Adriani........................ 1 —	Journal d'un voyageur pendant
André......................... 1 —	la guerre................ 1 —
Antonia....................... 1 —	Laura........................ 1 —
Autour de la table............ 1 —	Lélia. — Métella — Cora... 2 —
Le Beau Laurence............. 1 —	Lettres d'un Voyageur...... 1 —
Les Beaux messieurs de Bois-	Lucrezia Floriani, Lavinia... 1 —
Doré....................... 2 —	Mademoiselle La Quintinie.... 1 —
Cadio......................... 1 —	Mademoiselle Merquem..... 1 —
Césarine Dietrich............. 1 —	Les Maitres sonneurs....... 1 —
Le Château de Pictordu....... 1 —	Les Maitres mosaïstes...... 1 —
Le Château des Désert....... 1 —	Malgrétout................. 1 —
Le Compagnon du tour de France. 2 —	La Mare au Diable.......... 1 —
La Comtesse de Rudolstadt... 2 —	Le Marquis de Villemer..... 1 —
La Confession d'une jeune fille. 2 —	Ma sœur Jeanne............ 1 —
Constance Verrier............ 1 —	Mauprat.................... 1 —
Consuelo..................... 3 —	Le Meunier d'Angibault..... 1 —
Les Dames vertes............. 1 —	Monsieur Sylvestre......... 1 —
La Daniella................... 2 —	Mont-Revêche.............. 1 —
La Dernière Aldini............ 1 —	Nanon....................... 1 —
Le Dernier Amour............ 1 —	Narcisse.................... 1 —
Les Deux Frères.............. 1 —	Nouvelles................... 1 —
Le Diable aux champs........ 1 —	Pauline..................... 1 —
Elle et Lui.................... 1 —	La Petite Fadette........... 1 —
La Famille de Germandre.... 1 —	Le Péché de M. Antoine.... 2 —
La Filleule................... 1 —	Le Piccinino................ 2 —
Flamarande................... 1 —	Pierre qui roule............ 1 —
Flavie........................ 1 —	Promenades autour d'un village 1 —
Francia....................... 1 —	Le Secrétaire intime........ 1 —
François le Champi........... 1 —	Les 7 Cordes de la Lyre.... 1 —
Histoire de ma Vie........... 10 —	Simon....................... 1 —
Un Hiver à Majorque — Spiridion 1 —	Tamaris..................... 1 —
L'Homme de neige............ 5 —	Teverino — Léone Léoni.... 1 —
Horace....................... 1 —	Théâtre complet............ 1 —
Impressions et Souvenirs..... 1 —	Théâtre de Nohant......... 1 —
Indiana....................... 1 —	L'Uscoque................... 1 —
Isidora....................... 1 —	Valentine.................... 1 —
Jacques...................... 1 —	Valvèdre.................... 1 —
Jean de la Roche.............. 1 —	La Ville noire............... 1 —
Jean Ziska. — Gabriel....... 1 —	

CHATILLON-SUR-SEINE. — IMPRIMERIE E. CORNILLAC

FLAMARANDE

PAR

GEORGE SAND

PARIS
MICHEL LÉVY FRÈRES, ÉDITEURS
RUE AUBER, 3, PLACE DE L'OPÉRA

LIBRAIRIE NOUVELLE
BOULEVARD DES ITALIENS, 15, AU COIN DE LA RUE DE GRAMMONT

1875
Droits de reproduction et de traduction réservés

Le récit qu'on va lire est le travail d'un homme à demi-lettré, qui, malgré beaucoup de lectures et la fréquentation des personnes distinguées, a conservé certaines manières de dire un peu surannées, et d'une correction parfois douteuse. Je n'ai pas voulu soumettre à une révision d'auteur le ton naturel de ce personnage tour à tour ému ou vulgaire, dont les défauts et les qualités m'ont semblé devoir être exprimés à sa façon et non à la mienne.

FLAMARANDE

A

M. EDME SIMONET, MON PETIT-NEVEU.

GEORGE SAND.

I

Flamarande, juillet 1874.

J'ai été un des principaux acteurs dans le drame romanesque de Flamarande, et je crois que nul n'est plus à même que moi d'en raconter les causes et les détails, connus jusqu'à ce jour de bien peu de personnes, quoiqu'on en ait beaucoup et diversement parlé. Je suis arrivé à l'âge où l'on se juge sans partialité. Je dirai donc de moi le bien et le mal de ma conduite dans cette étrange aventure. J'ai aujourd'hui soixante et dix ans; j'ai quitté le service de la famille de Flamarande il y a dix ans.

Je vis de mes rentes sans être riche, mais sans manquer de rien. J'ai des loisirs que je peux occuper à mon gré en écrivant, non pas toute ma vie, mais les vingt années que j'ai consacrées à cette famille.

C'est en 1840 que j'entrai au service de M. le comte Adalbert de Flamarande en qualité de valet de chambre. Les gens d'aujourd'hui se font malaisément une idée juste de ce qu'était un véritable valet de chambre dans les anciennes familles, et, à vrai dire, je suis peut-être un des derniers représentants du type approprié à cette fonction. Mon père l'avait remplie avec honneur dans une maison princière. La Révolution ayant tout bouleversé et ses maîtres ayant émigré, il s'était fait agent d'affaires, et, comme il était fort habile, il avait acquis une certaine fortune. C'était un homme de mérite en son genre, et je lui ai toujours entendu dire que dans son état il fallait savoir mettre la ruse au service de la vérité et au besoin la duplicité à celui de la justice.

Nourri dans ces idées, j'eus une jeunesse sérieuse; j'étudiai le droit avec mon père, et je l'appris par la pratique mieux que dans les livres. Il ne voulut pas que je fusse élève en droit proprement dit et que je me fisse recevoir avocat. Il craignait de me voir contracter l'ambition du barreau. Il disait qu'à moins de grandes qualités naturelles dont je n'étais pas doué, c'était un métier à mourir de faim. Il ne voulait pas non plus me voir devenir avoué, aimant mieux me léguer son cabinet d'affaires que d'avoir à m'acheter une charge. Malheureusement mon excellent père avait une passion, il était joueur et, au moment où j'allais lui succéder, il se trouva si endetté que je dus songer à trouver une occupation personnelle convenablement rétribuée. C'est alors que M. de Flamarande, qui avait eu plusieurs fois affaire à nous pour diverses consultations, me fit l'offre de me prendre aux appointements de trois mille francs, défrayé de toute dépense relative à son service.

Mon père me conseillait d'accepter, et la place me convenait. J'eusse désiré seulement avoir le titre d'homme d'affaires, d'homme de confiance, ou tout au moins de secrétaire. Le comte refusa de me donner cette satisfaction.

— Vous n'entrez, me dit-il, ni chez un fonctionnaire, ni chez un homme de lettres : je n'aliénerai jamais mon indépendance, et je ne me mêle point d'écrire. Il serait donc ridicule à moi d'avoir un secrétaire. Je n'ai besoin que d'un serviteur attaché à ma personne, assez bien élevé pour me répondre, si je lui parle, assez instruit pour me conseiller, si je le consulte. Le titre qui vous répugne est très-honorable chez les personnes de votre condition, puisque votre père l'a porté longtemps; en le repoussant, vous me feriez croire que vous avez des idées révolutionnaires, et dans ce cas nous ne saurions nous entendre.

J'entrai donc comme valet de chambre, et, mon père étant mort peu de temps après laissant plus de passif que d'actif, je n'eus pas le choix de mon existence. Il s'agissait d'acquitter ses dettes au plus vite, car il m'avait enseigné l'honneur, et je ne voulais pas être le fils d'un banqueroutier. Je pris des termes avec les créanciers, mais ils exigeaient un certain à-compte. Je dus demander à mon maître s'il voulait bien avoir assez de confiance en moi pour me faire l'avance de quelques années de mes honoraires. Il me questionna, et, voyant ma situation :

— J'estime la probité, me dit-il, et j'entends l'encourager ; vous devez trente mille francs, je me porte votre caution afin que tous les ans vous puissiez vous libérer avec la moitié de vos gages. Vous prendrez ainsi le temps nécessaire pour payer sans vous priver de tout ; il ne me convient pas que vous soyez près de moi dans la misère.

Au bout de la première année, mon maître, étant content de moi, voulut payer les intérêts courants de la dette paternelle, si bien que, me trouvant son obligé et me faisant un devoir de la reconnaissance, j'acceptai sans en souffrir davantage mon titre de valet et la dépendance de toute ma vie.

II

J'ai dit ce qui précède pour n'avoir plus à y revenir et pour expliquer comment je me résignai à une condition servile sans avoir rien de servile dans le caractère.

M. le comte Adalbert de Flamarande avait trente-cinq ans lorsque je m'attachai à lui; moi, j'en avais trente-six. Il était fort bien de sa personne, mais il avait une mauvaise santé. Il était riche de plus de trois millions de capital et venait d'épouser mademoiselle Rolande de Rolmont, riche au plus de cinq cent mille francs, mais douée d'une beauté incomparable. Elle avait à peine seize ans. C'était, disait-on, un mariage d'amour. Adalbert de Flamarande était né jaloux. Je dois dire toute la vérité sur son compte. Je n'ai point connu d'homme plus soupçonneux. Aussi était-on très-fier lorsqu'il vous accordait sa confiance, et on se sentait jaloux soi-même de la conquérir.

Où je vis sa méfiance naturelle, c'est lorsqu'il me présenta à sa jeune épouse. Je dois dire que jamais plus belle personne ne s'était offerte à mon regard : la taille svelte et les formes gracieuses d'une nymphe, des pieds et des mains d'enfant, la figure régulière et sans défaut, une chevelure admirable, la voix harmonieuse et caressante à l'oreille, le sourire angélique, le regard franc et doux. Je vis tout cela d'un clin d'œil et sans être ébloui. J'avais deviné déjà que, si je manifestais le moindre trouble, M. le comte me jetait dehors une heure après. D'un clin d'œil aussi il vit que j'étais solide et à l'abri de toute séduction ; ce fut ma première victoire sur sa défiance.

Marié depuis trois mois, il se disposait à partir avec madame pour visiter sa terre de Flamarande et passer l'été dans le voisinage, chez une amie de sa famille, madame de Montesparre. Je ne sus que je devais l'accompagner que la veille du départ. Je me souviens qu'à ce moment je me permis de lui dire une chose qui me tourmentait. J'avais été mis sur le pied de manger à l'office avec le second valet de chambre et les femmes de madame, tandis que les gens de la cuisine et de l'écurie avaient leur table à part. Les personnes avec qui je mangeais étant fort bien élevées, je n'avais pas à souffrir de leur compagnie ; mais je craignais beaucoup que, dans une maison étrangère médiocrement montée, et telle était celle qu'on pouvait attribuer aux

Montesparre, je ne fusse contraint à subir la table commune. J'ai perdu ces préjugés, mais je les avais alors, et l'idée de m'asseoir à côté du palefrenier ou de la laveuse de vaisselle me causait un dégoût profond. Je ne pus me défendre de le dire à M. le comte.

— Charles, me répondit-il, ce sont là de fausses délicatesses. Beaucoup de personnes haut placées dans le monde sentent plus mauvais que l'évier, et, quant à l'écurie, c'est une odeur saine et qu'un gentilhomme ne craint pas. Donc, vous vous en accommoderez, s'il y a lieu. Ensuite écoutez bien ceci : vous devez avoir un jour ma confiance absolue ; c'est à vous de la mériter. Eh bien, la vie est un tissu de périls pour l'honneur et la raison d'un homme impressionnable comme je le suis. La vérité sur le fond des choses est presque impossible à obtenir dans un monde où la politesse est de mentir et le dévouement de se taire. Savez-vous où l'on découvre la vérité ? C'est à l'antichambre et surtout à l'office : c'est là qu'on nous juge, c'est de là qu'on nous brave, c'est là qu'on parle sans ménagement et que les faits sont brutalement enregistrés. Donc, le devoir d'un homme qui me sera véritablement dévoué sera d'entendre et de recueillir l'opinion des domestiques partout où il se trouvera avec moi. Je ne vous demanderai jamais rien de ce qui concerne les autres ; mais ce qu'on dira de moi, je veux le savoir. Soyez donc toujours en mesure de m'éclairer quand j'aurai recours à vous.

Il me sembla en ce moment que M. de Flamarande, en ayant l'air de me rapprocher de lui, tendait, sans s'en rendre compte, à m'avilir; mais cette pensée, qui me revient sérieuse aujourd'hui, ne fit alors que traverser mon esprit. L'amour-propre l'emporta; je me promis, avec une sorte d'orgueil, d'être au besoin espion au service de mon maître, et je ne fis plus d'objection.

En même temps je me demandai naturellement de qui ou de quoi M. le comte se méfiait au point d'avoir besoin d'un espion; j'avais beau lui chercher des ennemis, je ne lui en connaissais pas encore. Il fallait donc qu'il fût tourmenté par la jalousie conjugale. Je ne me trompais pas.

Mais de qui pouvait-il être jaloux? S'il l'était de tout le monde, pourquoi produisait-il madame avec tant d'éclat? J'aurais compris qu'il tînt son trésor caché. Point! il étalait l'opulence de son bonheur et voulait faire des jaloux, sans songer qu'il se condamnait à l'être le premier.

Je n'ai jamais connu d'homme plus logique et plus illogique en même temps, logique en détail, c'est-à-dire lorsqu'il appliquait son procédé de déduction à un fait isolé; illogique dans l'ensemble, lorsqu'il s'agissait de relier les faits entre eux; avec cela, c'était une intelligence, et le cœur était grand, on le verra bien à mesure que je raconterai.

Mes répugnances, je ne dirai pas combattues,

mais étouffées par lui, je partis pour la campagne avec plaisir. Je ne connaissais que les environs de Paris et quelques villes d'affaires où mon père m'avait envoyé pour des renseignements à prendre. Je savais très-bien voyager, sans avoir voyagé réellement, j'avais assez traversé de terrains pour savoir ce que c'est que la campagne, et je ne la détestais pas. J'entendis monsieur dire à madame quand nous approchâmes de Flamarande :

— Ma chère, vous avez vu la campagne, vous n'avez encore jamais vu la nature; vous allez la voir.

Je fis mon profit de cette annonce, et j'ouvris des yeux attentifs et curieux.

III

C'était dans le département du Cantal. Nous avions couru la poste nuit et jour depuis Bordeaux où M. le comte s'était arrêté pour affaires. Le soleil commençait à descendre quand nous nous trouvâmes en pleine montagne. Monsieur et madame s'extasiaient; moi, je fus pris d'un sentiment de tristesse et de malaise qui devint bientôt de la terreur. Sans doute c'était beau, et, à présent que j'y suis habitué, je le sens très-bien ; mais au premier abord le vertige des hauteurs au-dessus et au-dessous de moi me troubla tellement que j'étais près de m'évanouir, lorsque l'on s'arrêta à un endroit terrible où la route tournait brusquement sur le bord d'un précipice.

A partir de là, pendant plusieurs lieues, il n'y avait plus qu'un chemin exécrable et véritablement dangereux jusqu'à Flamarande. M. le comte, qui y venait pour la première fois, avait pris des renseignements et des précautions. On laissa les voitures et les bagages dans une auberge isolée, à l'enseigne de *la Violette*. Là nous attendait une petite calèche de louage assez légère pour nous transporter sur les hauteurs avec des chevaux frais. Chacun de nous prit un sac de nuit, je montai sur le siége avec mademoiselle Julie, la femme de chambre. Les deux époux dans la voiture échangeaient leurs exclamations admiratives.

Monsieur avait de la lecture et du goût. Quant à madame, j'ignorais absolument si elle avait de l'esprit : les femmes, jalouses de sa beauté, disaient qu'elle était dépourvue d'intelligence ; les hommes répondaient qu'elle était assez belle pour s'en passer. Pour moi, ne la voyant que par instants et sans jamais l'entendre causer, je n'avais aucune opinion à cet égard. Mon service me tenait confiné dans les appartements du mari, et on pense bien que je ne servais pas à table.

Monsieur faisait remarquer à madame l'étrangeté et la beauté des sites. J'écoutais pour faire mon profit de ses connaissances, lorsque monsieur fit un cri de surprise en prononçant un nom nouveau pour moi, *Salcède !* et il me donna l'ordre de faire arrêter les chevaux.

Aussitôt il mit pied à terre et courut embrasser un piéton qu'à première vue j'eusse pris pour un colporteur ambulant. C'était un grand garçon vêtu d'habits grossiers, couvert de poussière, le chapeau de feutre mou tout déformé par la pluie, et portant une boîte verte passée en sautoir, avec cela des mains hâlées et des chaussures impossibles. Derrière lui venait un montagnard ayant sur ses épaules un bagage que j'avais pris d'abord pour un sac de marchandises.

Ce personnage problématique était le jeune marquis Alphonse de Salcède, ami d'enfance du comte de Flamarande. Celui-ci l'embrassa cordialement et le présenta à sa femme en lui disant :

— C'est une amitié héréditaire; son père et le mien s'aimaient tendrement. C'est de lui que je vous ai souvent parlé en vous disant qu'il était plus jeune que moi, mais plus mûr que son âge, car, vous le voyez, au lieu de vivre dans le monde, où il pourrait faire grande figure, il court les montagnes en touriste et en savant. Je vous demande votre bienveillance pour lui.

Madame fit un beau sourire au voyageur et lui demanda si on aurait le plaisir de le voir à Montesparre, où l'on se proposait de se rendre le surlendemain, aussitôt qu'on aurait visité le vieux manoir de Flamarande. M. de Salcède répondit qu'il se rendait de ce pas à Montesparre, où il comptait passer plusieurs semaines, pour se reposer de trois mois de voyages pédestres dans le midi de la France et le nord de l'Italie.

Monsieur lui reprocha d'avoir été absent au

moment de son mariage; il se fût réjoui de l'avoir pour garçon d'honneur.

Là-dessus, on allait se quitter, lorsque madame voulut mettre pied à terre pour se dégourdir les jambes, et nous descendîmes tous.

— Voyons, dit M. le comte au marquis, tu n'es pas si pressé que de ne pouvoir rebrousser chemin pendant dix minutes. Offre ton bras à madame de Flamarande et dis-nous, puisque tu viens de passer là, en quel état nous allons trouver ce vieux nid de vautours.

— Je vous accompagnerai tant qu'il vous plaira, reprit Salcède; mais je n'offrirai pas mon bras dans la tenue où je suis; je vous suivrai pour vous donner les renseignements nécessaires.

Les hommes les plus sérieux ont leur côté frivole, et le comte se fit un malin, un dangereux amusement d'insister pour que sa femme prît le bras du touriste.

— Vous saurez, ma chère amie, lui dit-il, que Salcède est un ours et que vous devez m'aider à l'apprivoiser. Il est si bien plongé dans l'étude des simples, qu'il est resté simple et pur comme la fleur des champs. Il a peur du beau sexe; nous l'avons toujours plaisanté là-dessus, et il ne se défend pas d'être un sauvage, je crois même qu'il s'en vante.

En badinant ainsi, il força son ami à conduire sa femme, ce que du reste M. de Salcède fit avec beaucoup d'aisance, avec cette grâce qu'ont les vrais gentilshommes, et qui remplace la courtoisie en masquant la timidité. Comme madame avait un peu peur du précipice, M. de Salcède la pria de prendre son bras gauche, afin qu'il pût se trouver entre elle et l'abîme, et il lui dit qu'il craignait pour elle le mauvais gîte de Flamarande. Le château était encore en partie debout, mais les appartements étaient fort délabrés, le père d'Aldalbert ne l'ayant visité que rarement, et la famille ayant, dès le siècle dernier, renoncé absolument à l'habiter.

Je ne pus entendre la suite de leur conversation, monsieur m'ayant appelé pour aller chercher l'ombrelle de madame, restée dans la calèche, qui nous suivait lentement; même elle s'était arrêtée pour faire souffler les chevaux, et je dus courir pour rejoindre mes maîtres, qui étaient déjà loin.

Quand je les atteignis, ils étaient fort gais. Madame se réjouissait de passer la nuit dans un manoir probablement hanté et d'entendre le cri des hiboux en s'endormant. Monsieur disait qu'il voulait lui procurer une apparition pour éprouver son courage. M. de Salcède assurait avoir très-bien dormi dans le donjon, qui était plus propre que le château, vu qu'il n'y avait pas de meubles; il s'y était fait mettre un bon lit de paille et se louait de l'hospitalité des fermiers.

— Eh bien, lui dit M. le comte, puisque tu y dors si bien, il faut y dormir encore cette nuit. Je ne te laisse pas partir ; je te garde. Tu nous feras les honneurs de Flamarande, puisque tu l'as habité avant nous et que tu t'en allais sans savoir que nous arrivions. Nous passerons la journée de demain à visiter la propriété, et après-demain nous irons tous ensemble dîner à Montesparre.

IV

M. de Salcède se fit un peu prier, il désirait sans doute que madame s'en mêlât. A l'instigation de son mari, elle lui passa de nouveau la main sous le bras en lui disant avec sa belle voix douce et son sourire d'enfant :

— Nous le voulons !

Vraiment, les maris, tant qu'ils ne sont pas trompés, sont doués d'une étrange candeur ; aussi, quand ils le sont ou croient l'être, on les voit passer d'un excès à l'autre. Moi, qui n'ai jamais été porté au mariage, je fus en ce moment aussi lucide que monsieur était aveuglé : ce fut ma première observation dans la voie qu'il m'avait ouverte, et cette observation fut aussi nette que profonde.

M. de Salcède n'avait pas encore aimé. Il se croyait épris exclusivement de botanique. Il était candide comme un enfant, et il était bien réellement un enfant ; il n'avait à cette époque que vingt et un ans. Il avait des goûts sérieux et jugeait la femme un être frivole, ennemi du travail utile et du recueillement ; mais l'âge était venu où la nature parle plus haut que la raison. Il vit cette belle femme et l'aima tout aussitôt comme un fou. Il l'aima d'autant plus qu'il ne s'en aperçut pour ainsi dire point. Du moins, je m'en aperçus avant lui, moi qui l'examinais froidement et suivais d'un œil attentif et désintéressé ses mouvements et ses regards. En un quart d'heure, ce jeune homme avait franchi, sans le savoir, un abîme. Sa figure et sa voix étaient changées. Son attitude était comme brisée, son œil n'avait plus d'éclairs. Sa fierté, qu'il exhalait par tous les pores un instant auparavant, était vaincue. Il ne marchait plus de même. C'était comme s'il n'avait plus conscience de sa force et de sa volonté ; il chancelait par moments comme un homme ivre.

Enfin, au bout d'une demi-heure de marche, nous vîmes se dresser devant nous le donjon de Flamarande, énorme bloc de maçonnerie qui dominait d'autres bâtiments en partie ruinés. Le site, que madame trouva magnifique, me sembla vraiment terrible. Le donjon était porté par un rocher à pic de deux ou trois cents mètres, contre lequel un torrent encombré de roches et de débris grondait effroyablement. Sur les pentes rapides des montagnes environnantes s'étageaient de tristes forêts de sapins et de hêtres. Le hameau de Flamarande, c'est-à-dire une douzaine de chaumières perchées sur ce roc isolé, faisait grand effet au soleil couchant ; c'était comme un décor de théâtre, mais on ne pouvait imaginer sur ce théâtre que des actions tragiques ou une navrante captivité.

Les fermiers accoururent à notre rencontre, et, comme il paraissait impossible de monter en voiture jusqu'aux maisons, une douzaine de paysans se mirent à pousser les roues et la caisse si vigoureusement que les chevaux arrivèrent sans grand effort jusqu'au pied du donjon. Madame était de bonne humeur, elle trouvait tout charmant. Le vieux fermier Michelin lui présenta son fils et sa bru, avec toute la famille, qui se disposa à déloger du manoir pour nous y installer. Madame jeta un coup d'œil sur le vieux pavillon encore debout qu'occupaient les fermiers. Il y avait là quelques grandes chambres sombres qui avaient encore des tapisseries et des meubles du temps de Louis XIV. Madame craignit la malpropreté et déclara qu'elle se faisait un plaisir de coucher sur la paille fraîche dans le donjon, mais elle accepta de dîner dans la grande salle du rez-de-chaussée, et la mère Michelin, aidée de sa bru et de sa servante, se mit à l'œuvre avec empressement.

Nous avions apporté quelques provisions qui ne furent pas nécessaires. Le pays fournissait du gibier en abondance, et le garde-manger en était bien garni. J'entendis dire que c'était grâce à

M. de Salcède. Il avait chassé la veille avec le fils
du fermier, et ils avaient rapporté des lièvres et
des perdrix. Madame Michelin s'entendait à rôtir,
tout fut trouvé exquis, et moi aussi je fis un excellent repas. J'avais veillé avec soin durant la route
sur le panier de vins : M. le comte but à tous ses
aïeux et au manoir, berceau de sa famille. Il se
monta un peu la tête et projeta de chasser le lendemain avec M. de Salcède. Celui-ci s'en défendit,
disant qu'il ne fallait pas laisser madame seule dans
cette montagne, qu'elle s'y ennuierait. Madame protesta, prétendit qu'elle n'avait jamais rien vu de si
beau que Flamarande, qu'elle ne voulait pas qu'on
se privât pour elle de quoi que ce fût, et qu'elle
saurait fort bien se plaire un jour dans cette solitude. On manda Ambroise Yvoine, qui était le guide
rencontré la veille escortant M. de Salcède. Il promit d'être sur pied à trois heures du matin.

V

On alla donc se coucher de bonne heure sur la paille du donjon, que la mère Michelin avait recouverte de draps bien blancs et où les coussins de la calèche servirent d'oreillers. M. de Salcède s'était installé dans une des tourelles. On laissa les lits du pavillon aux domestiques, et, comme ces lits étaient plus propres et meilleurs qu'ils n'en avaient l'air, nous passâmes probablement une meilleure nuit que nos maîtres; mais ils contentaient leur fantaisie et firent, à ce qu'il paraît, bon ménage avec les rats et les chouettes du château de leurs pères.

Je me demandais comment s'y prendrait M. de Salcède pour ne pas aller à la chasse avec le comte, car il était bien évident pour moi qu'il souhaitait rester auprès de madame. Aussi, quand, après une heure de chasse, je le vis revenir boiteux, je ne fus pas surpris. Il me dit qu'il s'était heurté contre une roche et n'avait pu continuer. Il me pria de lui donner de l'eau mêlée à de l'eau-de-vie, et je m'offris à le panser, ce qu'il accepta, comme s'il eût tenu à faire constater la réalité de cette blessure, qui était réellement cruelle. Le cuir de la chaussure était coupé en dessus et le petit doigt presque écrasé. Je cherchais comment un piéton si solide et si adroit avait pu s'endommager de la sorte, et comment une pierre avait pu couper comme une hache, lorsque mes yeux se portèrent sur un marteau de géologue que M. de Salcède renfonçait machinalement dans sa sacoche. Ce fut un trait de lumière, et, mon regard rencontrant le sien, il rougit comme un homme qui se voit pris. Le pauvre enfant savait mentir, mais non pas feindre. Je gardai pour moi ma conviction qu'il s'était héroïquement frappé avec ce terrible outil, et je résolus de faire bonne garde. Il ne m'était pas commandé de surveiller madame et de rendre compte de ses actions, mais je pensai que mon devoir était de garder autant que possible l'honneur de mon maître.

Les premières amours, avec leur naïveté timide, sont capables de dérouter les plus raisonnables prévisions. Madame dormait encore sur les neuf heures, lorsque M. de Salcède rentra, et, quand elle fut levée et habillée, quand elle apprit qu'il était de retour, on le chercha en vain pour lui en donner des nouvelles. C'est moi qui le trouvai au bas du rocher, baignant son pied malade dans l'eau courante. Ou il s'était fait plus de mal qu'il ne voulait, ou il voulait en guérir vite pour ne point boiter trop disgracieusement. Je le trouvai fort pâle, et, comme je lui témoignais respectueusement de l'intérêt, il m'avoua qu'il souffrait beaucoup. Dès qu'il sut que madame s'inquiétait de lui, il se hâta d'ajouter que cette eau froide lui faisait grand bien, et peu après il se rechaussa et remonta au manoir lestement. Il souffrait certainement le martyre, car sa main que je touchai était trempée d'une sueur glacée.

Je crus qu'il allait courir auprès de madame. Point. Il apprit qu'elle déjeunait et ne jugea pas convenable de prendre son repas avec elle. Il s'éloigna même du pavillon, et un moment je pensai qu'ayant eu le courage de s'estropier pour madame de Flamarande, il n'aurait pas celui de se présenter à elle. Elle dut le chercher et le rencontra dans le jardin, c'est-à-dire dans ce qui avait été le jardin du château. C'était une esplanade plantée de vieux arbres, où l'on voyait encore les débris d'une terrasse et de quelques escaliers en lave du pays. Un seul banc de cette lave rouge était encore debout. Toute trace de culture avait disparu. Madame s'assit sur ce banc auprès de M. de Salcède, qui s'était levé et qu'elle força de se rasseoir. Des vaches et des chèvres paissaient autour d'eux l'herbe inégale et les plantes sauvages.

De la cuisine, où je préférai déjeuner, je voyais

très-bien ce beau couple, et je ne perdais aucun mouvement, mais je ne saisissais pas les regards, et n'entendais pas les paroles. Les attitudes étaient celles de gens qui ont trop de savoir-vivre pour montrer des émotions quelconques.

VI

Ce tête-à-tête dura longtemps, et sans doute il y fut dit beaucoup de belles choses; mais M. de Salcède n'y trahit point sa passion, car madame lui dit en élevant la voix qu'elle ne voulait point se promener, et qu'elle allait chercher son ouvrage. J'entendis distinctement :

— Attendez-moi là. Je ne veux pas que vous bougiez; je veux vous retrouver sur ce banc.

Elle partit légèrement, et je me glissai dans les bosquets naturels de l'esplanade, de manière à pouvoir entendre leur conversation. Je réussis à me placer assez bien pour voir la figure de Salcède. Durant ces quelques minutes d'attente, il eut les yeux fixés sur l'endroit par où la comtesse était sortie et on eût dit une statue. Il avait la bouche entr'ouverte, les narines gonflées et une main sur sa poitrine, comme s'il eût voulu contenir les battements de son cœur. Quand elle revint, il laissa tomber sa main et parut respirer. Elle s'avança vers lui, il s'était levé.

— Rasseyez-vous, lui cria-t-elle.

Et elle vint en courant s'asseoir à ses côtés en dépliant sa broderie.

Je les voyais alors en plein, et j'entendais leurs paroles. Ce fut une causerie très-oiseuse. Madame parlait de faire rebâtir le château afin d'y passer les étés ; elle préférait ce site sauvage aux deux autres résidences que possédait M. le comte, l'une dans l'Orléanais, sur les bords de la Loire, l'autre en Normandie, en vue de la mer. Elle n'aimait pas toutes ces grandes eaux. Elle préférait les petits lacs et les torrents qui grondent ; elle trouvait d'ailleurs plus décent, quand on s'appelait Flamarande, de demeurer à Flamarande.

Le marquis n'abandonnait pas son sens ; il pensait que le comte ne se déciderait jamais à vendre sa terre de Normandie, où il avait été élevé, ni celle des bords de la Loire, où ses parents étaient décédés. Il connaissait le chiffre de la fortune de M. de Flamarande, dont madame ne paraissait pas se douter, jeune mariée et enfant qu'elle était. Il disait que, pour remettre en état Flamarande, il faudrait plus d'un million en comptant le chemin praticable à établir. C'était là une grosse dépense, devant laquelle le père et les ancêtres du comte avaient reculé. Gens du grand monde, ils avaient trouvé le pays trop triste, les communications trop difficiles et les dépenses à faire trop considérables; Flamarande avait été délaissé depuis plus d'un siècle. Madame parut se rendre à ces raisons, que je goûtais fort pour mon compte, l'idée d'habiter cet affreux coupe-gorge ne me souriant pas du tout. J'étais loin de penser que j'y viendrais volontairement finir mes jours.

Quand je vis que leur conversation n'avait rien que de très-innocent, je me retirai sans bruit. Madame tint fidèlement compagnie au blessé et ne vit pas les alentours, comme elle l'avait projeté. M. le comte rentra vers le soir, exténué de fatigue et n'ayant rien tué. La chasse était trop difficile pour lui dans un pays pareil. Il n'était pas fort et se montra fort abattu au souper; mais il ne me parut en proie à aucune velléité de jalousie. Comme je lui arrangeais son nécessaire de toilette dans son grenier à paille, il voulut savoir si le marquis était réellement très-blessé. Je répondis que j'avais vu le mal et qu'il était sérieux; j'attendais qu'il me demandât si c'était un accident volontaire. Il n'y songea point, et je crus convenable de ne rien dire.

Le lendemain, on repartit dans la matinée. M. de Salcède insistait pour que l'on prît à travers la montagne pour gagner Montesparre, qui n'était qu'à cinq lieues par cette voie, tandis qu'il en fallait faire dix pour s'y rendre par la route postale. L'homme qui conduisait notre petite calèche nous dit que, si nous voulions mettre pied à terre dans les endroits dangereux, il se faisait fort d'arriver sans encombre. Madame préféra faire le grand détour, disant que M. de Salcède voudrait marcher dans la traverse, et qu'il ne faudrait pas le lui permettre.

— En d'autres termes, lui dit son mari, la traverse vous fait peur.

— Eh bien, reprit-elle, je l'avoue, si elle est pire que le bout de chemin qui nous sépare de la route,... oui, j'aurai grand'peur; mais je ferai ce que vous voudrez.

Madame savait bien que cette soumission-là était un ordre pour son mari; il commanda de reprendre le chemin que nous avions suivi l'avant-veille, et ce fut avec un grand soulagement que je me retrouvai dans notre grosse voiture de voyage sur la route postale de Montesparre.

2.

VII

Montesparre était situé aux environs d'Aurillac, dans un pays riant, modérément accidenté ; nous y fûmes rendus pour l'heure du dîner. Le château était une maison du siècle dernier qu'on avait récemment flanquée de deux corps de logis assez laids. Madame de Montesparre, veuve à vingt-deux ans, jolie femme, fort aimable et très-bonne, n'avait pas les goûts romantiques. Médiocrement riche d'ailleurs, elle ne rêvait pas, comme madame Rolande, de donjons et de précipices ; elle avait hérité de cette terre de bon rapport, elle y venait passer tous les étés, et s'y occupait de ses affaires en personne positive, dévouée à son fils unique, âgé de cinq ans. Elle recevait pourtant beaucoup de monde, et ne dédaignait pas le plaisir. Voulant loger tous ses hôtes, elle avait agrandi son château, mais sans aucun luxe. Tout était simplement confortable ; le jardin était fort beau et bien tenu.

Mes maîtres, reçus à bras ouverts, car les deux dames paraissaient tendrement s'aimer, furent installés dans un appartement du rez-de-chaussée qui se composait de trois pièces : un petit salon, une chambre à coucher et un grand cabinet de toilette, chacune de ces pièces ayant une fenêtre sur le petit jardin qui remplissait l'intervalle entre les deux nouveaux pavillons. C'était un parterre fraîchement planté; mais de plantes bien serrées et de belle venue, de manière que les fenêtres des deux pavillons qui se faisaient vis-à-vis ne plongeaient pas directement les unes dans les autres. M. de Salcède fut logé dans la partie ancienne qui formait le fond du fer à cheval. Les domestiques eurent des chambres dans le haut des corps de logis. Je me trouvai au troisième juste au-dessus de l'appartement de mes maîtres. Je demande qu'on ne me reproche pas ces détails, absolument nécessaires au récit que je prends le soin d'écrire.

Mon maître ne s'était pas senti disposé à s'occuper d'affaires pendant notre excursion à Flamarande; il m'avait chargé de m'enquérir de toutes choses pendant qu'il allait à la chasse, et, en une après-midi, il m'avait fallu ne point perdre de temps pour me faire une légère idée de la valeur et du rendement de la terre. Cela consistait en une ferme de trois mille francs. Pour lui, c'était si peu de chose que, depuis trois ans, il n'avait pas compté avec son fermier. Il m'avait commandé de l'augmenter, si, après vérification de ses livres, je trouvais le chiffre du fermage trop au-dessous de sa valeur. Michelin me parut un très-galant homme qui voulait s'en remettre à la loyauté héréditaire dans la famille de Flamarande. Il ne fit donc aucune difficulté pour me confier ses livres, que j'emportai à Montesparre, où je devais avoir le loisir d'en faire l'examen.

Cela me prit du temps, car, si les livres de Michelin enregistraient chaque chose avec exactitude, ils manquaient absolument de méthode, et je devais m'en faire une pour m'y reconnaître. Je devais aussi me renseigner sur la valeur des produits du pays. Je passai donc un mois à Montesparre, absorbé par ce travail et ne sachant presque rien de ce qui se passait dans le château : confiné dans ma chambre, j'y travaillais avec ardeur, et, en fin de compte, je jugeai devoir déclarer à mon maître que le père Michelin donnait un prix convenable et peu susceptible d'augmentation : le pays ne produisant que de l'herbe, tout le revenu était fondé sur l'élevage des bestiaux.

— C'est fort bien, Charles, répondit M. le comte. Retournez à Flamarande, et renouvelez mon bail avec Michelin aux mêmes conditions que par le passé.

Je voulus me rendre à pied à Flamarande par la traverse, et, comme on me dit qu'un guide était nécessaire, j'en pris un. Ce fut le même Ambroise

Yvoine, espèce de maquignon braconnier qui apportait de temps en temps des plants à M. de Salcède. Je fis bien, car le sentier était épouvantable, et j'y eus plus d'une fois le vertige; mais j'étais résolu à m'aguerrir, et, comme j'avais une très-bonne mémoire des localités, mes affaires avec Michelin terminées, je revins seul à Montesparre. Je commençais à trouver très-beau et très-intéressant ce pays, qui m'avait d'abord frappé de terreur.

Ces détails n'ont aucun intérêt, j'en tombe d'accord; mais il faut bien que l'on sache pourquoi le roman commencé sous mes yeux entre madame de Flamarande et M. de Salcède offrit une lacune importante à mes observations.

Quand je me retrouvai libre d'esprit et maître de mes heures, je repris le cours de mes remarques. Le beau marquis avait été très-vite guéri de sa blessure, il marchait comme un cerf et montait à cheval comme un centaure. M. le comte était, lui, très-souffrant d'une maladie chronique qui alors n'avait pas de gravité, mais à laquelle il a fini par succomber. Il s'était fatigué à Flamarande et s'en ressentait encore. Il sortait donc le moins possible et jouait beaucoup au billard avec un vieux ami de la maison qui perdait régulièrement trois fois sur quatre ; puis il lisait, me dictait quelques lettres et faisait une sieste après midi. Pendant ce temps, madame de Flamarande courait à cheval et en voiture avec madame de Montesparre et cinq ou six personnes de leur intimité, parmi lesquelles M. de Salcède paraissait tenir le premier rang. On en causait à l'office. Les gens de la maison assuraient que madame de Montesparre avait une préférence évidente pour le jeune marquis, et tous faisaient des vœux pour qu'il succédât au vieux baron de Montesparre, que personne ne regrettait. Il était bien jeune, ce bel Alphonse, pour devenir l'époux d'une veuve déjà faite : mais il était si raisonnable, si studieux, si doux ! Il paraissait adorer le petit *Ange* de Montesparre, « M. Ange, » comme on l'appelait. Il lui serait un excellent père. Madame n'était pas, à beaucoup près, aussi riche que le marquis, mais qu'importe quand on s'aime? Donc, ils s'aimaient ; tout le monde le croyait, excepté votre serviteur.

VIII

M. de Flamarande le croyait aussi, ou feignait de le croire.

Un soir, pendant que je le déshabillais, sa femme étant restée au salon, où l'on dansait, il m'adressa tout à coup d'un air indifférent une question très-directe.

— Charles, me dit-il, vous recueillez certainement les propos de l'antichambre; vous me l'avez promis. Que dit-on du mariage projeté entre la maîtresse de la maison et mon jeune ami Alphonse?

Je lui rapportai tout ce que je viens de dire, et, comme il ajoutait :

— Et vous, Charles, qu'est-ce que vous en pensez?

— Je pense, répondis-je, que, si ce mariage était dans la pensée du marquis de Salcède, M. le comte le saurait et ne me le demanderait pas.

— Vous avez beaucoup d'esprit, Charles, reprit M. le comte d'un ton ironique assez méprisant. Je vous donne le bonsoir.

Je me retirais vexé, il me rappela.

— Attendez! Je veux savoir ce qu'on dit de moi dans la maison.

Je répondis avec quelque dépit :

— Maîtres et serviteurs disent que M. le comte a une femme beaucoup plus jeune et plus belle que la baronne de Montesparre.

Sa pensée saisit le lien de ma réflexion.

— Et on ajoute, dit-il, que là où brille madame Rolande, personne ne peut songer à madame Berthe. C'est très-judicieux! Merci, Charles; à demain.

Une soudaine tristesse avait envahi sa figure. Sa voix n'était plus âpre, mais comme suffoquée. Je sentais des remords. Peut-être avais-je, par mon sot dépit, enfoncé l'aiguillon de la jalousie dans ce cœur disposé à en absorber le venin. Ce n'était certes pas là mon intention. Je ne suis pas un méchant homme, et je fis en m'endormant un examen de conscience assez douloureux. Comment devais-je donc me conduire dans la situation délicate où M. le comte me plaçait? Pourquoi m'interrogeait-il, s'il devait s'offenser de mes réponses? Étais-je donc chargé d'avoir plus de clairvoyance que lui? Il avait quelque soupçon, puisqu'il me questionnait; voulait-il me laisser tout l'odieux de l'éclairer en feignant de prendre mes révélations pour des calomnies?

Je résolus de m'éclairer moi-même, afin d'être tout armé en cas d'une nouvelle attaque. J'observai avec un grand art. Je trouvai mille prétextes plausibles pour rester près des maîtres sans attirer l'attention, et je me composai le visage d'un homme sourd ou d'un niais qui ne comprend rien.

Au bout de huit jours, je savais que madame de Montesparre était bien réellement éprise de M. de Salcède, et qu'elle confiait ses sentiments à madame de Flamarande. Celle-ci la dissuadait de son rêve, disant qu'*Alphonse* était trop jeune pour se marier et trop savant pour aimer. Se savait-elle préférée? Elle était par trop naïve, si elle ne s'en doutait pas.

Je surprenais des conversations intimes. Un jour, la jolie Berthe dit à la belle Rolande :

— Vous avez l'air de railler mon sentiment. On dirait que vous ne le comprenez pas. N'avez-vous jamais aimé?

— J'aime mon mari, répondit la comtesse un peu sèchement.

— On aime toujours son mari quand on est honnête femme, reprit la baronne; cela n'empêche pas d'avoir des yeux. Vous avez les plus beaux qui soient au monde. Ouvrez-les et dites-moi si Alphonse vous paraît indigne de mon affection.

— Non certes! je le crois le plus pur et le plus estimable des hommes.

La baronne reprit :

— Et comme il est beau, instruit, aimable et généreux!.. Voyons, chère enfant, la vérité est dans la bouche de vos pareilles en candeur et en droiture; si vous étiez à ma place, — supposons! libre, absolument libre de choisir, est-ce que vous n'aimeriez pas Salcède?

J'ouvrais mes oreilles toutes grandes pour saisir la réponse. Elle fut dite si bas que je n'entendis rien.

IX

Un événement fortuit me mit à même de mieux voir et de mieux entendre. Le valet de chambre de madame de Montesparre (elle n'en avait qu'un, qui faisait tout le service) tomba malade, et, comme on n'avait personne de convenable pour le remplacer, la baronne me demanda si je voulais bien diriger le service de la table et du salon pendant quelques jours. M. le comte était auprès d'elle lorsqu'elle m'adressa cette demande, et il me regardait attentivement. Mon premier mouvement fut de m'excuser, disant que je ne connaissais pas ce genre de service.

— Il n'importe, dit M. le comte en me regardant toujours d'un air d'autorité. On vous demande de présider au service des autres ; ce que souhaite le plus madame la baronne, c'est une figure comme il faut à la tête de son intérieur.

— Si monsieur le comte l'exige?

— Non, je n'ai pas ce droit-là, je vous le demande.

— Monsieur le comte sait bien que je n'ai rien à lui refuser.

Je m'installai dans ma fonction temporaire, et dès lors je pénétrai dans mon Salcède comme avec une lame d'épée. Il ne pensait pas plus à épouser la baronne qu'à s'aller noyer; mais il était un peu plus habile que je ne l'aurais cru. Il la ménageait sans doute pour écarter les soupçons. Il la comblait de soins et se montrait plus occupé d'elle que de la comtesse. Il était avec elle sur le pied d'une amitié délicate, dévouée, et il ne lui faisait pas la cour; mais il était si parfait pour elle, pour son fils que, sans être sotte, elle pouvait bien s'y méprendre.

Encore moins il faisait la cour à madame de Flamarande. Il se tenait à distance respectueuse, et c'était elle qui paraissait vouloir l'apprivoiser, ainsi que l'en avait chargée son mari. Elle n'y mettait aucune coquetterie, elle n'en avait pas; mais, avec son grand air de candeur et de désintéressement, elle lui plaidait sans cesse la cause de l'amour et paraissait ainsi servir les secrets desseins de son amie. Il se laissait volontiers endoctriner et ne donnait la réplique que pour la forcer de continuer son joli prêche.

Je découvris, en l'écoutant, qu'elle avait autant d'esprit que de beauté, et que, si elle ne le faisait pas exprès, elle n'en agissait pas moins de manière à lui faire perdre le peu de raison qui lui restait. Le pauvre garçon était ivre d'amour. Il ne songeait plus à la botanique, ni à aucune étude ; il ne sortait plus seul que le matin avant le lever de ces dames, et c'était pour rêver sans agir. Quand il paraissait devant elles, ce n'était plus le piéton poudreux et barbu que nous avions pour ainsi dire ramassé sur les chemins ; c'était l'homme le plus soigné, le mieux mis, le plus agréable à voir que l'on puisse imaginer, un véritable cavalier, comme on dit pour désigner un homme fait pour servir et charmer les femmes. Avec sa grande taille, sa belle figure, ses yeux noirs rêveurs ou passionnés, il éclipsait tous les autres gentilshommes, et M. le comte, avec sa maigreur, sa taille un peu voûtée, ses yeux pénétrants, mais durs ou sardoniques, sa mise assez négligée et son peu d'empressement auprès du beau sexe, ne paraissait plus rien du tout.

C'est en servant à table que j'appris à connaître M. le comte. Je dois avouer qu'il était d'un commerce plus intéressant qu'agréable avec les personnes de sa condition ; il avait l'esprit chagrin comme les gens qui souffrent du foie. Très-instruit et doué d'une grande mémoire, il aimait la discussion ; mais il n'y portait pas l'aménité qui la rend supportable aux gens du monde. Il tranchait sur toutes choses d'une façon qui blessait et poussait à la contradiction. Plus fort que ses interlocuteurs, il les battait aisément. On lui en voulait, on le déclarait pédant, acerbe et finalement ennuyeux, ce qui est la vengeance des esprits superficiels. Il eût pu être écouté, car il instruisait et parlait bien; seulement son caractère éloignait de lui et gâtait le bien qu'il eût pu faire.

Sa femme s'en apercevait-elle? Elle l'écoutait d'un air respectueux et craintif. Elle n'avait ni familiarité ni enjouement avec lui. Ils causaient peu ensemble, et elle n'osait pas causer devant lui, tandis qu'avec Salcède et la baronne elle redevenait vivante et animée.

Je me disais à part moi :

— Quand on se décide à mettre l'amour dans sa vie, on devrait bien se demander si on est propre à inspirer l'amour. Je comprends le beau Salcède s'attachant aux pas des belles femmes; il les aime trop pour n'en pas être aimé. M. le comte s'est trompé de route, c'est lui qui eût dû se donner à la science, le mariage d'amour n'est pas du tout son fait.

Nous étions à Montesparre depuis six semaines, nous devions y passer deux mois. M. de Salcède avait promis d'y rester huit jours, et il ne parlait plus du tout d'aller en Allemagne comme il l'avait annoncé. Son pied, parfaitement guéri, ne pouvait plus lui servir de prétexte, et il n'en cherchait pas. Il n'avait plus, je crois, aucun projet, aucun but dans la vie; il aimait, avec ou sans espoir, il aimait, comme on dit, pour aimer. Les soupçons du mari allaient grand train, et je reconnus qu'il observait toutes choses encore mieux que moi. Un jour, je le vis en conférence très-animée avec M. de Salcède. Je crus qu'ils se querellaient et finiraient par se battre; mais je les vis s'embrasser, et j'en conclus qu'il n'y avait rien ou que monsieur était radicalement trompé.

X

Le soir, comme j'étais dans un coin du vestibule, madame descendait l'escalier sans me voir, et M. de Salcède montait.

— On va danser, lui dit-elle ; est-ce que vous vous retirez ?

— Il le faut, répondit-il d'un ton navré.

— Comment, il le faut ? Pourquoi ?

— Je suis un peu souffrant.

— Si ce n'est qu'un peu, la danse vous guérira. Voyons, je compte sur vous. Promettez-moi de redescendre.

Il s'inclina et ils se croisèrent. Elle, légère comme un oiseau et légèrement vêtue de gaze, car il faisait très-chaud, disparut dans les détours vaguement éclairés de la rampe. Lui, après avoir monté deux ou trois marches, se retourna et resta immobile, la suivant des yeux, en proie à une émotion si violente, que je crus qu'il allait mourir. Quand il fut remonté chez lui, je descendis à mon tour pour veiller aux rafraîchissements de la soirée, et je me trouvai face à face avec le comte de Flamarande, qui sortait de l'ombre d'un couloir. Lui aussi avait observé, et il était plus agité encore que M. de Salcède ; il était pâle comme la mort et parlait seul, les dents serrées comme s'il eût voulu rugir.

— Il me trompe ! disait-il. Infâme, infâme !

Il ne me vit pas, tant il était préoccupé, et descendit au salon, où M. de Salcède ne vint pas ce soir-là, au grand déplaisir de la baronne, qui ne s'en cachait guère. Madame, plus indifférente ou plus habile, dansa gaiement et ne parut point contrariée. M. le comte ne la quittait pas des yeux. S'en apercevait-elle ?

Le lendemain, Julie m'apprit que nous partions le jour même, et, peu d'instants après, le comte m'ordonna de veiller à ses paquets. Les chevaux de poste arrivèrent au moment du déjeuner. Monsieur fit croire à son hôtesse qu'il avait reçu de Paris des lettres pressantes, qu'une affaire grave le rappelait, qu'il lui fallait se hâter. M. de Salcède était là et reçut le coup en pleine poitrine. Il ne s'y attendait pas. Il croyait avoir apaisé les doutes de son ami.

— Pourquoi ce départ ? lui dit-il en l'attirant dans une embrasure où je me trouvais occupé à arranger une poulie de rideau qui ne marchait pas.

Le rideau me cachait, et, comme monsieur ne répondait pas :

— Puisque ma soumission n'a pu désarmer vos injurieux soupçons, reprit-il, c'est à moi de vous céder la place. Je vais partir à l'instant même.

— Je vous le défends, répliqua le comte d'un ton sec. Ce serait affliger trop vivement madame de Montesparre. Il vous a convenu de feindre avec elle, vous êtes forcé de continuer le rôle de prétendant.

M. de Salcède allait répliquer. Il m'aperçut au-dessus de lui sur un marchepied et ne répliqua point.

On déjeuna, la voiture roula sur le sable du parterre. Madame de Montesparre paraissait désolée de perdre si tôt sa jeune amie; il me sembla, à moi, qu'elle était contente d'être délivrée d'une rivale si redoutable. Quant à M. de Salcède, il fit bonne contenance, et madame Rolande, soit qu'elle fût une personne froide, soit qu'elle eût une grande force d'habileté, ne parut que surprise par l'événement et incapable de se révolter contre les circonstances.

A midi, nous roulions sur la route de Paris lorsque, au détour que faisait la route en face du chemin de Flamarande, une roue cassa à la descente, et la voiture versa. Heureusement personne ne fut blessé, et on put faire tenir la roue tant bien que mal pour sortir de là ; mais il fallait prendre un parti. Le relais de poste le plus rapproché était à quatre lieues ; c'était un pauvre hameau où il serait impossible de faire réparer la voiture, qui certes n'était pas en état d'aller plus loin. M. le comte proposa à madame d'aller coucher à Flamarande. On chercha un moyen de transport ; il n'y en avait pas. Madame, qui était la résignation même, assura qu'elle irait fort bien à pied, et on allait s'y décider lorsqu'un équipage passa sur la route et nous héla à grands cris.

C'était la famille de Léville qui s'en allait dîner à Montesparre et qui, voyant notre détresse, jugea que nous étions fous de ne pas retourner à ce bon gîte, où les moyens de réparer notre véhicule étaient assurés. Ces braves voisins insistèrent tellement que monsieur dut céder pour n'être pas ridicule dans son caprice et inhumain pour sa jeune femme, condamnée à faire deux lieues à pied pour aller coucher sur la paille à Flamarande. On s'empila donc dans la voiture des Léville ; la nôtre suivit de loin, au pas. Nous rentrâmes à Montesparre six heures après l'avoir quitté.

XI

Nous trouvâmes la baronne toute seule. Ses hôtes étaient partis pour la chasse, et ne devaient rentrer qu'à la nuit. Elle s'empressa de réinstaller la comtesse dans son appartement, et, comme je défaisais la malle de monsieur dans le petit salon, j'entendis qu'il disait à la baronne :

— Comment ! tout le monde vous a quittée aujourd'hui, même Salcède ?

— Même Salcède, répondit-elle. Il voulait bien me tenir compagnie ; mais, depuis quelques jours, il a de violents maux de tête, et je l'ai forcé d'aller avec les autres. Que voulez-vous ! il est habitué à vivre au grand air, nos salons l'étouffent.

On dîna donc avec les Léville, et on se retira de bonne heure sans attendre les chasseurs, qui avaient annoncé vouloir dîner chez l'un de ces messieurs ; peut-être même ne rentreraient-ils que le lendemain. Ils avaient bien recommandé qu'on ne les attendit pas plus tard que dix heures. A onze heures, personne n'étant rentré, on ferma les portes. Madame de Flamarande, très-fatiguée, s'était couchée ; monsieur, très-agité, restait au salon avec madame la baronne. J'attendais, seul dans l'antichambre, qu'il se retirât et m'envoyât dormir, lorsque je crus entendre sonner à la grille. Je m'y rendis après quelque hésitation, n'étant pas sûr de ne m'être pas trompé.

— Restez tranquille, me dit le jardinier, qui faisait office de concierge, je ne dormais pas ; c'est M. de Salcède qui vient de rentrer. Les autres ne rentreront pas ce soir ; on peut dormir.

Je m'étonnais de ne pas m'être croisé avec M. de Salcède, puisqu'il demeurait dans le corps de logis où étaient le salon et les appartements de la baronne. Je jugeai qu'il avait pris par le parterre, et que j'allais entendre sa voix dans le salon. Il n'y était pas. Je me dis encore qu'il s'était peut-être un peu exalté dans cette partie de garçons, et qu'il avait été droit à son lit, sans vouloir se montrer. Un quart d'heure après, M. le comte quittait la baronne et me disait :

— Je n'ai besoin de rien.

— Personne n'est rentré ? me demanda la baronne.

Je répondis que M. de Salcède était rentré seul.

— Eh bien, reprit-elle, où donc est-il, que nous ne l'avons pas vu ?

— Il sera monté se rhabiller, dit M. le comte avec ironie, et vous pouvez encore le recevoir ; il n'est pas bien tard.

Je suivis monsieur, qui prit le parterre pour regagner son rez-de-chaussée. Il ne s'étonna pas de voir la porte-fenêtre du petit salon ouverte, et il entra tranquillement ; mais aussitôt j'entendis un cri étouffé et vis M. le comte ressortir en tenant à la gorge M. de Salcède, qu'il avait surpris chez lui. Monsieur n'avait aucune arme, sans quoi il l'eût certainement égorgé. Il essayait de l'étrangler, et sans doute la fureur décuplait ses forces ; mais M. de Salcède, qui était plus fort que lui, se dégagea aisément et lui dit d'une voix assez calme :

— Pas de bruit ! Au jardin ! expliquons-nous au jardin !

Le jardin n'était séparé du parterre par aucun mur. Ces messieurs s'éloignèrent donc ; je remarquai que le marquis tenait un bouquet qu'il n'avait pas lâché dans la lutte, et qu'il cachait sur sa poitrine sans que monsieur, exaspéré, y fît attention. Il ne pensait qu'à tuer son rival, car il se retourna et me dit :

— Deux fusils de chasse, les premiers venus : on tirera au sort. Courez !

— Il n'en trouvera pas, répondit M. de Salcède ; qu'il apporte le vôtre, vous en disposerez, si vous me trouvez coupable.

Ils s'éloignèrent, et mon premier mouvement fut

de savoir si la comtesse était complice de l'entreprise par trop évidente de M. de Salcède. En mettant tout au mieux, il avait voulu lui dire un éternel adieu. S'y était-elle prêtée?

Je pénétrai dans le petit salon et n'entendis aucun bruit. La porte de la chambre à coucher était ouverte. Je m'avançai sur le seuil; madame ne se servait pas de veilleuse, tout était sombre. Je n'osai pas avancer, je restai à l'entrée, retenant ma respiration. Je saisis celle de la comtesse, égale et tranquille comme le souffle doux d'un enfant qui dort. Je ne pouvais pas pousser plus loin mes investigations; je remarquai seulement que sa fenêtre était entr'ouverte, retenue par l'espagnolette; elle dormait souvent ainsi, craignant beaucoup la chaleur.

XII

Quand j'eus fini cette inspection sommaire, qui ne pouvait rien m'apprendre, je me gardai bien d'aller chercher le fusil demandé, et j'allai furtivement rejoindre les deux adversaires au fond du jardin.

Ils parlaient avec animation à voix basse, mais avec cette articulation nette et serrée qu'on a dans les grandes crises de la vie. M. de Salcède subissait un rude interrogatoire, tout en protestant de l'innocence de ses intentions.

— C'est vous, disait-il, qui m'apprenez la présence de madame la comtesse dans son appartement; en y entrant comme en sortant, j'étais persuadé qu'elle n'y était pas. Je ne l'ai pas vue, je ne l'ai pas devinée. Je vous avais vus partir ensemble. Pouvais-je prévoir que vous étiez revenus ?

— Vous avez appris par quelque hasard qu'un accident de voiture nous avait forcés de revenir.

—Je ne l'ai appris de personne.

—Vous l'avez appris par le concierge en rentrant.

—Nous n'avons pas échangé un mot, cet homme et moi.

—Pourquoi rentriez-vous ici quand tous vos compagnons restaient au rendez-vous de chasse ?

—Seul je n'étais pas ivre, et leur bruit m'était insupportable.

— Vous êtes un maladroit : vous deviez feindre l'ivresse et dire qu'en entrant chez moi, vous avez cru entrer chez vous.

— Je n'ai rien à feindre. J'ai cru entrer dans un appartement où il n'y avait plus personne.

— Eh bien, alors pourquoi ? Expliquez donc cette charmante fantaisie !

— Je ne peux pas l'expliquer, on n'explique pas une fantaisie.

— Il suffit, reprit le comte. Il ne me convient pas que ma femme soit l'objet d'une fantaisie quelconque dans votre pensée. Nous allons entrer dans cette prairie au bout de laquelle est un petit bois, nous tirerons au sort, et celui à qui échoira le fusil tuera l'autre à bout pourtant.

—Non, Adalbert, non ! nous nous donnerons rendez-vous à Paris, où dès demain je vais me rendre pour recevoir vos ordres.

— Vous espérez que jusque-là j'aurai faibli, qu'on m'aura persuadé... Non, je veux votre mort ou la mienne tout de suite. Charles ne revient pas...

Je me montrai et déclarai que le fusil de M. de Salcède était hors de service.

— C'est faux, s'écria M. le comte, j'irai le chercher moi-même !

Et, s'élançant avec une vigueur soudaine, il fit un cri et tomba en portant la main à son côté droit. Sa maladie de foie, exaspérée par cette colère, lui ôtait la force de se venger sur l'heure. M. de Salcède le prit dans ses bras sans rien dire et le porta chez lui. Sur le seuil, il le remit à mes soins et disparut sans m'adresser un mot.

Madame parut s'éveiller d'un profond sommeil, et, tout effrayée de voir son mari évanoui, elle m'aida à le mettre au lit et courut appeler la baronne, qui ne s'était pas couchée, attendait toujours Salcède au salon et ne se doutait de rien.

Ces dames soignèrent le comte, qui revint à lui et ne parla de l'événement ni à l'une ni à l'autre. Je compris que je devais me taire aussi. Le lendemain de grand matin, M. de Salcède était parti, laissant à madame de Montesparre un billet où il lui disait que son père était gravement malade, et qu'il courait le soigner. M. le comte, encore souffrant, ne se leva que dans la soirée, s'informant beaucoup de la voiture de voyage, qui ne fut en état de marcher que le jour suivant.

Nous étions à Paris quatre jours après l'événement que je viens de raconter. Le lendemain de notre arrivée, M. le comte sortit de bonne heure et rentra très-pâle vers midi. Je devinai qu'il venait de se battre, et je l'examinai avec anxiété.

— Je n'ai rien, me dit-il tout bas. Je suis vengé.

Dans la journée, il m'envoya demander des nouvelles de M. de Salcède. Elles étaient fort mauvaises.

— M. le marquis est fort mal, lui dis-je en rentrant. Il ne passera pas la journée, et son père est mort de saisissement en le voyant rentrer dans l'état où M. le comte l'a mis.

M. de Flamarande eut encore une crise, et, quand il en fut revenu, il me dit de fermer les portes et me parla ainsi qu'il suit :

— Charles, j'ai été indignement trompé, mais je me suis trop cruellement vengé. D'un coup d'épée j'ai tué le jeune homme qui avait été mon meilleur ami, et le vieillard qui fut le meilleur ami de mon père. J'espère que je mourrai bientôt à mon tour, car je déteste la vie. J'ai fait mon testament, j'ai assuré votre sort. Puis-je compter sur votre éternelle discrétion ? Vous seul au monde connaissez la cause de ce duel. Madame de Flamarande, quand elle l'apprendra, voudra qu'on lui explique tout. Vous n'expliquerez rien, vous direz que vous ne savez rien.

— Ce sera dire la vérité, monsieur le comte, car je ne sais rien, et il est possible que madame la comtesse ne sache rien non plus.

— M. de Salcède aurait pénétré chez elle à son insu ? Vous trouvez cela probable ?

— Je le trouve possible.

— Qu'aurait-il été faire chez elle, s'il l'eût crue partie ?

— Prendre quelque chose d'oublié par elle, respirer un parfum, un bouquet peut-être !

— Un bouquet ? Oui ! quand je lui ai percé la poitrine... le malheureux faisait semblant de se défendre... il se livrait !... on a trouvé sur lui un bouquet flétri... Ah ! c'est cela, un gage de leur amour, le bouquet d'adieu ! J'ai cru que c'était une manie de botaniste d'avoir ces fleurs sur le cœur en mourant. Il les a réclamées d'une main défaillante, et moi, j'ai ordonné qu'on les lui rendît... On l'enterrera avec cela. Eh bien, il est plus heureux que moi, et il me brave jusque dans la tombe ! Il a été aimé un jour dans sa courte vie, et moi, je pourrais vivre un siècle... je ne le serai jamais !

XIII

Je voulus le dissuader de cette triste pensée, que je ne partageais que trop.

— Non, mon cher, reprit-il, vous vous trompez, aucune femme n'a pu m'aimer, et madame de Flamarande se bornait à m'estimer. Ce n'est pas sa faute, je ne lui en veux pas. Je sais où gît le mal. Pour être aimé des femmes, il faut les aimer passionnément, et ce n'est pas ainsi que j'aime. Je n'ai pas cette dose d'enthousiasme et de folie qui fait qu'elles apparaissent comme des êtres supérieurs. Mademoiselle de Rolmont m'a plu pour sa beauté, pour sa splendide organisation, qui promettait des rejetons vigoureux à ma famille. Il fallait cela pour la retremper, car je suis faible et maladif. J'ai été trop choyé dans mon enfance, je me promettais d'élever mes enfants dans de meilleures conditions d'hygiène... Mes enfants! Dieu merci, je n'en aurai pas, je n'en veux plus, je n'aurais plus la foi qui sauve! Ah! je suis bien malheureux!

Je crus qu'il allait pleurer, mais c'était un homme qui ne pleurait pas. Il se tordait les mains en parlant, c'était le paroxysme de son chagrin. Il me fit grand'peine. Jusque-là, je m'étais dévoué par reconnaissance, je ne m'étais pas senti d'affection pour lui. Je n'aimais pas son ton cassant et sa politesse méprisante. Je le jugeais d'un caractère trop trempé en dédain et en rudesse pour inspirer la sympathie; mais, quand je vis cet homme, si obstiné et si sec, s'épancher avec moi et me révéler les faiblesses de son esprit, je me pris d'un vif intérêt pour son infortune.

Je me disais bien qu'il est des agitations terribles, où, se renfermer en soi-même, c'est risquer d'éclater. Le comte avait dans ce moment un impérieux besoin de s'épancher, et j'étais le seul être au monde qu'il pût choisir, puisque, seul au monde, après M. de Salcède, je connaissais son secret, la cause de son duel. C'est notre destinée, à nous autres subalternes, d'être initiés forcément aux mystères des familles, et nous prenons souvent pour une confiance honorable le besoin que l'on a de nous. Je ne me faisais pas d'illusions là-dessus; mais la vue de cet être fort, que j'avais cru si supérieur à moi et qui semblait me demander aide et conseil, m'attendrit profondément.

En ce moment, j'eusse donné ma vie pour lui, et

je haïssais sa femme, qui le soignait pour une maladie de foie sans se douter du chagrin dont il était dévoré.

Le lendemain matin, je retournai à l'hôtel Salcède, non pas de la part de mon maître, il me l'avait bien défendu, mais comme si j'étais désormais attaché à madame de Montesparre et chargé de lui écrire. On préparait les funérailles de M. de Salcède père. Quant au fils, il avait eu une certaine lucidité pour le voir mourir; mais il ne comprenait plus rien, son état paraissait désespéré.

Madame de Flamarande apprit dans la journée, par des visites qui lui vinrent, que le vieillard était mort et que son fils était mourant. J'étais présent quand elle reçut le coup. Elle ne m'en parut pas affectée comme je l'aurais cru; elle fit beaucoup de questions auxquelles on ne put répondre. L'affaire avait été tenue si secrète, qu'en parlant d'une blessure grave et en supposant un duel, on ignorait encore avec qui M. de Salcède avait pu se battre.

Je rapportai les faits à mon maître.

— Vous assurez, me dit-il, que madame la comtesse a paru plus surprise que consternée? Ne se doute-t-elle pas réellement de la vérité?

— Ou madame est sans reproche, répondis-je, ou elle est d'une habileté de premier ordre.

— Toutes les femmes ont cette habileté-là! reprit-il, elles la trouvent dans leur berceau. Ce sont des êtres inférieurs en tout ce qui est bon, supérieurs à nous quand il s'agit de faire le mal. Pauvre Salcède! il avait raison de les craindre; sa première expérience lui coûte cher! Et moi qui les défendais contre lui! Le diable m'emporte, je crois que j'ai été amoureux de ma femme!

Son rire sardonique m'effraya.

— M. le comte me paraît tourner à la haine, lui dis-je avec assurance; qu'il prenne garde à ce sentiment-là. C'est encore de l'amour, et c'est pire, c'est de la passion.

Son rire nerveux devint froid et triste.

— Ah! si j'avais cela pour me sauver de l'ennui de vivre! dit-il en étendant sa main comme pour prendre la mienne, que, par respect, je retirai sans avoir l'air de le faire exprès; mais, ajouta-t-il en soupirant, je suis condamné à vivre sans autre préoccupation grave que celle de ma maladie physique. Triste souci pour un homme qui eût voulu employer sa force et sa raison à quelque chose de mieux! Non, Charles, la passion, une passion quelconque me sauverait de moi-même; mais je n'ai pas cette ressource, je me suis trop adonné à la clairvoyance dans les choses humaines. Je suis devenu misanthrope, rien ne me paraît plus valoir la peine d'être aimé ou haï.

— Vous avez pourtant savouré la vengeance...

— C'est une jouissance atroce, je n'en veux plus.

J'ai cru qu'elle me soulagerait, elle a empiré mon mal physique et m'a plongé dans une profonde tristesse. Ah ! s'il n'y avait pas eu là une question d'honneur, j'aurais tout pardonné !

XIV

En ce moment, madame entra chez lui, et, après s'être informée de sa santé, elle me demanda tout bas si monsieur connaissait la position de M. de Salcède. Je craignis une explication tragique, et j'engageai madame à ne pas parler de cette affaire à son mari, tant que sa crise hépathique ne serait pas dissipée.

Il n'en fut donc point question, et les jours suivants se passèrent sans que madame montrât un chagrin particulier. Elle envoya, il est vrai, plusieurs fois son valet de chambre prendre des nouvelles du blessé; mais, le jour où M. le comte lui dit d'un ton glacé :

— Savez-vous, ma chère, que le jeune Salcède a perdu son père et qu'il est lui-même fort mal ?

Elle répondit sur un ton d'angélique innocence :

— Je sais cela, je ne voulais pas vous en parler pour ne vous point affecter; puisque vous êtes au courant, je vous ferai plaisir en vous apprenant que les dernières nouvelles de votre ami sont bonnes. On espère le sauver.

M. le comte pâlit et répondit :

— Je vous en félicite !

L'étonnement de madame fut si sincère que j'en fus frappé, et mon regard suppliant engagea M. le comte à expliquer sa réponse aussi adroitement que possible.

Madame reprit sa tranquillité et lui dit :

— S'il est vrai, comme on le prétend, que M. de Salcède a été blessé en duel, je m'étonne qu'il ne vous ait pas pris pour témoin, et que vous n'appreniez qu'aujourd'hui ce qui le concerne.

M. le comte la regarda bien en face, puis il dit :

— C'est moi qui ai frappé Salcède, parce qu'il se conduisait comme un enfant. Il compromettait une personne que j'avais le devoir de faire respecter.

— Et cette personne, reprit la comtesse, qui soutenait son regard avec l'immobilité du marbre, cette personne, c'est... ?

— C'est madame de Montesparre.

— Comment ! vous vous êtes battu pour la baronne, vous ?

— Je l'aime médiocrement, j'en conviens. Je la tiens pour une folle, mais elle est votre amie et n'avait pas d'autre défenseur que moi. Quand nous étions à Montesparre, je n'ai pas voulu faire de scandale; j'ai donné rendez-vous ici à Salcède. Voilà ce qui s'est passé. Vous le raconterez, si vous voulez.

— Jamais! s'écria madame, je ne veux écouter personne et ne répondre à personne sur un pareil sujet. Comment l'expliquerais-je? je n'y comprends rien. M. de Salcède compromettait Berthe! est-ce possible? N'avait-il pas l'intention de l'épouser? N'est-il pas un honnête homme, votre meilleur ami?

— Il n'est plus mon ami, je le tiens pour un traître, et je vous avertis que nous ne le reverrons jamais; cela vous est assez indifférent, je suppose?

— La seule chose qui m'intéresse, c'est le danger auquel vous vous êtes exposé à mon insu et le chagrin qu'a dû ressentir madame de Montesparre.

— Madame de Montesparre ne sait rien encore. Elle apprendra en même temps le danger et le salut de son amant. Est-ce vous qui vous chargerez de le lui écrire?

— Non certes, à moins que vous ne l'ordonniez; je ne saurais comment lui dire ce que vous m'apprenez. Je croyais leur liaison si pure et le caractère de M. de Salcède si loyal! Savez-vous, mon ami, que je vous en veux de m'avoir présenté comme un homme de mérite cet homme que je dois mépriser maintenant, puisqu'il vous a mis dans la nécessité de le châtier?

— Nous ne parlerons plus de lui, reprit M. de

Flamarande avec une dignité froide, nous ne prononcerons jamais son nom, et, si vous voulez m'être agréable, vous ne parlerez jamais de lui avec madame de Montesparre. La baronne n'est point une personne de votre âge. Elle a trop d'expérience pour vous. Je désire que votre grande amitié improvisée se calme assez pour que vous n'ayez plus lieu d'échanger des confidences.

— En ceci comme en tout, répliqua la comtesse, je ferai votre volonté.

Quand elle se fut retirée, le comte, qui m'avait fait signe de passer dans son cabinet, me rappela.

— Vous avez entendu, Charles?

J'hésitais à répondre.

— Je désire, reprit-il, que vous soyez au courant de tout ceci. Savez-vous pourquoi j'ai fait ce mensonge à madame?

— Pour l'éprouver sans doute. M. le comte n'espère pas qu'elle ignorera toujours la vérité.

— Je désire qu'elle l'ignore jusqu'à ce que je connaisse, moi, son véritable caractère. Que sait-on d'une femme? Celle-ci montre une douceur candide et me cache peut-être des abîmes de perversité.

— Oh! monsieur le comte! à seize ans, sortant d'une famille austère..., ce serait trop fort, c'est impossible.

— Nous verrons, j'observerai. Je ne peux rien savoir du passé, l'avenir m'éclairera.

4.

Nous n'étions qu'à la mi-septembre. Ce n'était pas une saison pour s'installer encore à Paris. M. le comte emmena madame dans sa terre de Normandie. Je vis, à ses prévisions domestiques, qu'il comptait l'y garder longtemps. M. de Salcède allait réellement mieux, mais de longtemps, disait-on, il ne pourrait quitter sa chambre.

XV

Comme nous nous installions à Ménouville, le facteur me remit une lettre pour madame. Elle était datée de Paris, mais je reconnus l'écriture de madame de Montesparre, que j'avais eu l'occasion de voir plus d'une fois, et je crus devoir porter cette missive à M. le comte, qui m'ordonna de la lui lire. Je l'ai gardée, la voici :

« Mon amie, j'arrive à Paris le lendemain de votre départ ; j'avais tant besoin de vous voir, de vous parler ! Votre mari est vraiment trop cruel de vous avoir emmenée dans un pareil moment. Quel drame atroce ! Je ne sais pas comment j'ai résisté. C'est l'espoir de sauver Salcède qui m'a donné la force d'accourir. Je le sauverai ! Dieu m'aidera, mais quelle douleur de le voir étendu sur son lit comme une statue sur un tombeau ! Savez-vous avec qui et pourquoi il s'est battu ? C'est un secret bien gardé, je vous jure. Ils avaient pris pour témoins des amis discrets et sûrs, votre mari devait en être. Ne savez-vous rien ? Pourquoi ne m'avez-vous pas écrit ? Je m'y perds, mais je le saurai ! Plaignez-moi, ma chère beauté, et donnez-moi du courage ; j'en ai tant besoin ! Aimez toujours votre pauvre Berthe. »

— Ne remettez pas cette lettre, me dit le comte. N'en remettez aucune avant qu'elle passe par mes mains. Je veux que madame la comtesse rompe avec cette folle de baronne, qui se perd de réputation sans même y songer. Cette intimité lui a été funeste. Rien de pernicieux pour une jeune femme comme les confidences d'une veuve passionnée en quête d'un mari. Tout le mal est venu de là. J'ai été d'une confiance stupide. A force d'entendre parler d'amour et vanter Salcède, la comtesse a été troublée, surprise, enivrée. L'amour-propre s'en est mêlé. Enlever un fiancé à sa meilleure amie, nulle femme ne résiste à cela, c'est le plaisir des dieux.

— Il y a une chose qui m'étonne, monsieur le comte, c'est que, professant un si grand mépris pour les femmes et ne faisant point d'exception pour madame la comtesse, vous la traitiez avec les mêmes égards que si vous n'aviez jamais eu le moindre soupçon sur son compte.

M. de Flamarande se laissait dès lors interroger

par moi comme si j'eusse été son égal. Privé d'amis, — son caractère ne lui en faisait pas, — il n'était pas fâché de se montrer homme supérieur, ne fût-ce que devant son valet de chambre. Celui-là ne discutait pas et ne l'écoutait que pour s'instruire.

— Apprenez, Charles, me dit-il, qu'un homme de ma sorte se conduit comme un petit bourgeois mal élevé quand il s'en prend à sa femme, coupable ou non ; c'était à lui de tout prévoir et de la mieux garder. Je n'ai ni colère ni ressentiment contre madame la comtesse. Le vrai coupable, c'est celui que j'ai puni et que je punirai encore, s'il s'avise de trop ressusciter. Le misérable ! je ne lui pardonnerai jamais de m'avoir joué. Sachez, mon cher, que la veille de l'événement je l'avais interrogé comme un frère aîné.

» — Prenez garde, lui disais-je, vous n'aimez pas la baronne, vous la trompez.

» — Je ne la trompe pas, répondait-il, je ne lui ai jamais parlé d'amour.

» — Pourtant vous êtes très-amoureux, cela se voit ; c'est donc d'une autre ?

» — Ce n'est d'aucune autre.

» — Salcède, vous mentez ! vous êtes un enfant, j'ai eu tort de vous prendre pour un homme. Je vois que vous espérez me tromper ; c'est inutile, je vois clair.

» — Vous m'outragez, répondait-il. Je vous aime

trop pour me jouer de votre honneur ; il m'est sacré. Si un autre que vous doutait de ma loyauté, je lui demanderais raison.

» Il parlait avec feu, avec une sorte d'éloquence ardente, des bontés de mon père pour lui dans son enfance, de la protection que j'avais exercée sur lui à son entrée dans la vie, des services sans nombre que je lui avais rendus... J'étais dupé, vaincu, lorsqu'il eut l'imprudence de me dire qu'il respectait ma femme plus que je ne le faisais moi-même, puisque je m'inquiétais de l'admiration qu'elle inspirait et la croyais susceptible de courir un danger quelconque. Alors, s'oubliant, il me parla d'elle avec l'enthousiasme d'un dévot pour la Vierge des cieux, et je vis qu'il l'aimait passionnément. Je jugeai ne devoir pas lui dire que je le pénétrais. Je feignis d'avoir confiance en son honneur, il y croyait peut-être encore lui-même. Il pleurait, je l'embrassai, mais je ne le perdis pas de vue. Je l'avais prié de ne plus danser avec la comtesse. Il m'a obéi, mais comme son regret fut visible ! Sans doute elle lui en a fait des reproches, et il a éclaté. Tout cela a marché si vite que je n'ai pu prévoir le rendez-vous du lendemain... Sous mes yeux !... Ah ! quelle audace ! Non, non, je ne pardonnerai jamais ! Si j'ai été épris de ma femme, je ne le suis plus. Son châtiment à elle sera de ne plus voir le monde, d'être sévèrement gardée et de consumer sa jeunesse sans amour, sans triomphes d'aucune sorte. Elle n'aura même pas le plaisir de me voir jaloux ; je ne le serai pas. Il n'y aura pas de luttes, pas d'orages, dans mon intérieur; ce serait une distraction, je veux qu'elle s'ennuie, que sa beauté ne lui serve de rien, qu'elle soit privée de ces combats domestiques que les femmes adorent, je veux que sa force de dissimulation et de résistance s'épuise sans emploi. Voilà ce que je veux, et vous verrez, Charles, vous verrez comme je m'entends à punir, sans qu'on voie la main qui serre le nœud coulant !

XVI

M. de Flamarande était bien capable de se tenir parole. Il se fâcha avec tous ses voisins à propos de politique, en montrant tout à coup des idées exaltées qui lui étaient venues, ou qu'il feignit d'avoir. Il porta froidement à l'extrême son caractère quinteux et sa discussion tranchante. On s'éloigna de lui, il défendit à sa femme de faire des visites et des invitations, sous prétexte qu'il avait besoin de repos. Madame se résigna à la solitude avec une inébranlable douceur. Je croyais voir dans cette soumission la preuve de son innocence. M. le comte l'interpréta en sens contraire.

— Elle sait, disait-il, qu'elle mérite pire que cela. Sa douceur que vous admirez tant est un aveu dont je prends note.

Madame de Montesparre écrivit une seconde fois.

« Vous ne m'avez pas répondu, Rolande ! Je le comprends. Je sais à présent pourquoi. Vous ne pouvez vous résoudre à me parler de ce pauvre malheureux ! Vous savez ce que j'ignorais, ce que je sais enfin ; c'est votre mari qui l'a traité en ennemi mortel, en jaloux féroce. Ah ! que je le hais, votre cher époux !... Mais vous, Rolande, quel est donc votre rôle en tout ceci ? Je m'y perds. Vous n'êtes pas coquette, peut-être aimiez-vous Salcède ? Sans doute vous avez été flattée de l'emporter sur moi et de voir à vos pieds un jeune homme si accompli, si supérieur au triste mari imposé à votre inexpérience. Vous aurez eu un instant d'émotion que M. de Flamarande aura surpris. Quoi qu'il en soit, vous êtes une enfant, et je vous pardonne. Je me sens, dans ma douleur et mon humiliation, bien supérieure à vous, puisque je n'abandonne pas mon infidèle et me dévoue à lui, quoi qu'il arrive.

» Ne soyez pas surprise si à l'avenir je cesse nos relations, et si j'évite de vous rencontrer. Vous portez un nom qui m'est désormais odieux, et, que vous soyez niaise ou perfide, je ne peux plus avoir de confiance en vous. »

J'étais d'avis que M. le comte me laissât recacheter cette lettre, afin que madame la reçût, et qu'on pût s'emparer de la réponse.

— Non, dit-il, la réponse ne serait qu'une protestation mensongère. Il n'y aura plus de confidence sincère entre ces deux femmes. Mettez cette lettre de côté, et qu'il n'en soit pas question.

Un matin que madame était un peu souffrante, le médecin, qui venait voir monsieur tous les deux ou trois jours, déclara, après examen et consultation, que madame la comtesse était enceinte. Elle en conçut une joie folle, et vint s'en vanter à monsieur, qui parut prendre fort bien la chose, mais qui me dit, dès que nous fûmes seuls :

— Voilà qui résout la question, Charles ! cet enfant n'est pas de moi.

— M. le comte croit pouvoir affirmer que cela est impossible?

— Non, ces choses-là ne peuvent jamais s'affirmer que dans le cas d'absence ; mais je suis marié depuis six mois, je suis souffrant au point d'avoir peu d'espoir d'être père avant parfaite guérison. Ma femme réalise cet espoir juste au moment où je surprends un homme dans son appartement. Il y a de quoi réfléchir. Je réfléchirai !

Il se mit en effet à réfléchir beaucoup, pendant que madame se livrait à la joie avec une candeur qui tantôt me persuadait, tantôt me surprenait comme une audace exorbitante.

— Charles, me dit un soir M. le comte, j'ai réfléchi. C'est à vous de me renseigner sur la question légale. Votre père était très-fin en affaires, vous devez l'être aussi. Quel est le moyen d'éluder une paternité douteuse? Il doit y en avoir plusieurs.

— Il n'y en a pas un seul, monsieur le comte, à moins de quelque crime dont la pensée ne vous est sans doute jamais venue.

— Soyez tranquille, je ne suis pas un héros de mélodrame. Je méprise les choses tragiques, et ne connais rien de bête comme le crime ; mais je n'appelle pas crime la résistance à une loi inique, ma conscience proteste contre l'obligation de transmettre mon nom et ma fortune à l'enfant dont je ne suis pas certain d'être le père.

— Mais dans le doute, monsieur le comte...

— Le doute est pire que la certitude. Si j'avais la certitude, je réaliserais ma fortune, je ferais un sort à la comtesse et je m'expatrierais résolûment. Avec le doute, il faut que j'aie des égards pour elle ou que je sois universellement blâmé, car aucun époux n'a de certitude, et le doute est un état normal dont tous savent prendre leur parti.

— Et vous ne voulez pas prendre le vôtre ?

— Jamais ! Je suis l'homme de la stricte équité. J'ai été élevé dans ces idées-là. Je ne veux pas subir la loi avilissante que les autres acceptent lâchement. Voyons, y a-t-il moyen de cacher la naissance de l'enfant et de ne point le faire inscrire aux registres de l'état civil sous mon nom ?

— Non, monsieur le comte, il n'y a pas moyen sans risquer des peines qui ébruitent le secret.

Et je lui donnai une consultation en règle avec les textes de lois.

— Je savais vaguement tout cela, reprit-il, et depuis quelques jours je compulse le Code, moi aussi. Eh bien, je m'arrêterai à ma première idée. Il faut que l'enfant soit inscrit sous mon nom, et qu'il disparaisse aussitôt.

Le comte parlait avec tant de résolution, que la sueur m'en vint au front.

— Il faut qu'il disparaisse! répétais-je machinalement.

— Vous êtes de mon avis, reprit-il. Il s'agit de trouver le moyen sans encourir les peines légales et sans enfreindre la vraie loi, la loi morale de l'humanité. J'y penserai encore. Pensez-y de votre côté.

XVII

Une troisième lettre de madame de Montesparre nous arriva sur ces entrefaites.

« Rolande, pardonnez-moi. J'ai été injuste, insensée. Je vous ai accusée, je m'en repens, vrai ; pardonnez-moi. J'ai confessé tout doucement mon pauvre malade. Je sais maintenant toute la vérité ; elle est cruelle pour moi, mais elle vous disculpe. Vous étiez aimée passionnément, et vous ne vous en doutiez pas. Je ne devrais pas vous le dire, mais j'aime les situations nettes, et, après vous avoir offensée par mes soupçons, il m'est impossible de ne pas réparer ma faute par le pardon que je vous demande humblement. M. de Salcède ignore ce que je vous écris. Il espère que vous ne saurez jamais son amour ; il serait mort plutôt que de vous le laisser pressentir. Il n'a pas de torts envers moi, ni envers vous, ni envers M. de Flamarande. Il n'a fait de mal qu'à lui-même ! Il me témoignait une amitié qui est sincère, et qu'il ne m'ôtera jamais. Il vous respecte, il vous vénère et... il vous adore, ce n'est pas sa faute. Après votre départ de chez moi, il a voulu entrer dans votre chambre avant qu'elle fût rangée et occupée par une autre personne. Encore, non, je le fais plus coupable qu'il ne l'est. Il passait devant votre petit salon sans avoir rien prémédité; il ne voulait voir que vos fenêtres. Elles étaient ouvertes, et la lune éclairait un bouquet qu'il avait vu dans vos mains le matin et que vous aviez oublié sur la table de votre petit salon. Il a poussé la porte vitrée, il a pris le bouquet, il n'a pas même franchi le seuil de votre chambre, bien qu'il la crût déserte. Il se retirait au moment où votre mari l'a surpris. Celui-ci n'a voulu entendre à rien et lui a donné rendez-vous à Paris pour se battre. Salcède s'est battu comme un fou qui cherche la mort, et, s'il n'a pas trouvé ce qu'il cherchait, c'est que Dieu ne l'a pas voulu. Il m'a montré votre bouquet taché de son sang. Ah ! quelle passion, et que vous êtes heureuse, vous, d'être aimée ainsi par un tel homme ! Mais il croit que vous le dédaignez, et, si j'étais égoïste, je souhaiterais, moi, qu'il en fût ainsi; j'aurais l'espérance de le voir guérir au moral comme au physique. Quoi qu'il arrive, je reste votre amie à tous deux. Je l'emmènerai à Flamarande aussitôt qu'il sera capable de supporter le voyage. Envoyez-moi un mot pour lui, une parole de pitié et de pardon. Il ne la demande pas, il ne demande rien ; mais il se tourmente affreusement de votre situation. Il craint que votre mari ne vous accuse de légèreté et ne vous rende malheureuse. Je le crains aussi.

» Rassurez-moi et répondez-moi, je vous en supplie.

» BERTHE. »

Madame de Flamarande semblait justifiée par cette lettre. M. le comte n'y crut pas.

— Cette fois, dit-il, Salcède a eu de l'esprit. Il a fait sa paix avec la baronne en avouant un amour platonique et en lui laissant l'espoir d'être aimée par reconnaissance. La baronne n'est pas bien fière ; elle pardonne tout, pourvu que le mariage s'ensuive. Elle veut ruser avec la comtesse et lui faire croire à une magnanimité dont nulle femme n'est capable, elle pas plus qu'une autre. Serrez cette lettre ; la réponse ne serait pas plus sincère que la demande. Je ne veux plus de ces épanchements féminins, qui ne sont que ruses et grimaces, et qui ont peut-être pour but de me tromper.

Une quatrième lettre de la baronne, qui vint deux mois plus tard, et qui était datée de Montesparre, disait :

« Je l'ai amené ici, où il a encore failli mourir

en arrivant. Le voilà un peu mieux, mais je ne suis pas encore tranquille. Le souvenir de son pauvre père et la crainte d'avoir troublé votre ménage l'empêchent de guérir. Et vous, cruelle Rolande, vous ne répondez pas? Vous me gardez rancune, ou vous haïssez ce malheureux, qui meurt pour vous. Vous lui imputez les mauvais traitements que votre mari vous inflige peut-être ! Peut-être encore que M. de Flamarande intercepte nos lettres. Les miennes pourtant vous justifient avec une sincérité de premier mouvement qu'il ne peut pas méconnaître. De grâce, si vous le pouvez, écrivez-moi une seule ligne, un seul mot : *Je pardonne !* Il ne le demande, ni ne l'espère ; mais, si je pouvais le lui montrer, je suis sûre que je lui rendrais la vie. Ne soyez pas prude, ma chère Rolande. J'espère bien que vous ne vous reverrez jamais et qu'il vous oubliera ; mais aidez-moi à le sauver. Dieu vous en tiendra compte. »

Cette lettre fut encore serrée dans un coffre à part sans être remise à madame de Flamarande. M. le comte prétendit que la baronne, avec son esprit romanesque et son amour extravagant, travaillait à perdre entièrement la comtesse. Je n'étais pas convaincu par lui ; il me permettait de discuter et de lui dire tout ce qui me semblait être à la décharge de l'accusée ; mais à toutes mes allégations il avait une réponse obstinée :

— Qu'elle ne revoie jamais ni Salcède ni aucun homme capable de l'émouvoir, et surtout que l'enfant disparaisse ! Après cela, je compte la traiter comme si elle était justifiée.

XVIII

Pendant que M. le comte faisait ces projets sinistres, sa pauvre femme remplaçait sa sérénité feinte ou organique par une joie inusitée. Je savais ce qu'elle disait à Julie, qui ne se faisait pas prier pour causer avec moi.

— Madame est une étrange personne, disait-elle ; elle a l'éclat de la beauté qui la fait paraître femme, mais en réalité c'est une enfant. Quand on pense qu'elle va être mère à dix-sept ans ! En vérité, c'est trop tôt ; elle ne sait rien de la vie, et ne se trouve pas malheureuse dans une situation qui désespérerait une personne raisonnable ; elle est capable d'aimer son mari, qui certes est un homme de mérite, mais qui est bien, en tant que mari, le moins aimable et le plus *grincheux* des êtres. Vous ne voyez pas, vous qui ne pénétrez pas dans l'intérieur de madame, comme il lui parle sèchement et du haut de sa grandeur. Il l'épilogue et la reprend à chaque mot; c'est comme un méchant vieux professeur avec une petite pensionnaire qu'il ne veut pas gronder, qu'il raille pour lui ôter toute assurance et lui rabattre l'amour-propre. S'il me parlait comme cela, à moi, je saurais bien lui dire son fait; mais elle, c'est comme un agneau que le loup regarde : elle tremble, ferme les yeux, et ne répond rien. Elle croit mériter ses dédains, elle se dit ignorante et sans esprit, et pense qu'il lui a fait beaucoup d'honneur en la prenant pour femme; elle ne souffre pas que je le blâme en rien, elle assure qu'elle est très-heureuse. Il pourrait la mettre dans une cave au pain et à l'eau sans qu'elle consentît à le trouver injuste.

Comme je demandais à Julie si sa maîtresse ne regrettait pas Montesparre, si son séjour prolongé dans un château désert ne lui causait pas de l'ennui :

— Si fait, répondit-elle. Elle s'est ennuyée au commencement, mais elle s'en prenait à elle-même de ne pas savoir s'occuper comme M. le comte, qui s'enferme dans son cabinet et se plaît à lire toute la journée. Elle essayait de lire des livres d'histoire, mais elle n'y avait pas de goût, et elle bâillait sans cesse. Depuis qu'elle espère un poupon, elle est toute changée; elle se jette dans cet amour-là comme une femme qui n'en connaîtra jamais d'autre. Elle ne pense qu'à cela; elle voit son bébé en rêve, elle cherche à dessiner sa figure, elle prie, elle pleure et elle rit. Elle aime son mari parce qu'il lui a permis d'être mère; elle dit que c'est bien heureux qu'il l'ait amenée dans cette solitude où elle aura le loisir de ne s'occuper que de l'enfant, et la voilà qui coud des brassières et brode des petits bonnets. Et puis elle veut s'instruire, car elle compte faire la première éducation, et à présent elle lit, elle fait des extraits, elle dessine, elle tapote son piano ; enfin c'est la plus heureuse des créatures. Ah ! que Dieu lui a fait une grande grâce en la créant si simple !

— Vous voulez dire, comme disent toutes les femmes, qu'elle manque d'esprit et de jugement ?

— Eh bien, répondait Julie, est-ce que ce n'est pas aussi votre opinion ? M. le comte l'a choisie comme cela pour avoir à lui seul tout l'esprit du ménage ; c'est bien dans son caractère.

La grossesse de madame devenait très-apparente, lorsque M. le comte décida qu'on irait passer l'hiver à Sévines, près d'Orléans, au bord de la Loire. Il ne donna aucune raison de ce changement de domicile. Madame n'en demanda pas et fit ses malles.

— Je serai heureuse partout, disait-elle à Julie. Est-ce que je ne porte pas mon trésor avec moi ?

Quoique dans un pays riant et luxurieux, Sévines était un endroit fort triste; ce grand fleuve déroulé en pays plat, avec de larges rives sablonneuses, ne valait pas la vue des falaises. Le parc était vaste et fort beau pour ceux qui aiment l'humidité des grands ombrages; mais, dépouillés de leurs feuilles et peuplés de corbeaux, ils étaient mortellement ennuyeux à regarder. M. le comte n'était pas venu à Sévines depuis la mort de son père. Son premier soin fut d'aller au cimetière de la paroisse pour visiter sa tombe, ce qui surprit les domestiques. Le cocher, qui était un des anciens de la maison, me dit, en le voyant agenouillé sur cette pierre :

— Si M. le comte dit à présent des paroles douces à monsieur son père, ce seront les premières que le vieux aura reçues de lui. Je veux croire qu'ils s'aimaient, mais ils avaient le même goût pour la dispute et se querellaient toujours.

XIX

Le comte me dit quelques jours après :

— Charles, il faut vous mettre en route et trouver une nourrice pour l'aimable héritier que l'on me destine. Faites un bon choix. Je souhaite que l'enfant ne souffre de rien, mais il faut que cette nourrice ne soit pas de la localité et n'y soit connue de personne. Payez-la très-cher et annoncez-lui qu'elle aura à m'obéir aveuglément et sans réplique.

J'hésitais ; j'avais peur, je l'avoue, des projets de mon maître. Je lui déclarai qu'avant de les mettre à exécution, je voulais les connaître.

— Soit, répondit-il ; tout cela est bien simple. Il faut que cette nourrice soit une veuve ou une fille mère, qu'elle n'ait pas de famille ou du moins pas de proche parent. Aussitôt l'enfant enregistré et baptisé, je l'envoie loin d'ici avec elle. Il faudra qu'elle vive, là où je lui commanderai de se fixer, dans le plus strict incognito. Elle changera de nom, et l'enfant sera censé lui appartenir. Elle en aura tout le soin possible et attendra mes ordres. Dites-lui que c'est une fortune à gagner sans nuire à personne et sans courir aucun risque.

— Elle ne le croira pas, monsieur le comte ; il y a du risque à se faire l'agent et le complice d'un enlèvement de mineur.

— Le risque sera pour vous et pour moi, Charles ; mais nous agirons de manière à nous en préserver.

— M. le comte veut que l'enfant vive dans de bonnes conditions de santé et qu'il ne souffre de rien ?

— Je le veux absolument. Je n'ai pas d'aversion pour un être qui n'a pas conscience du bien et du mal.

— Si j'ai bien compris M. le comte, il veut que l'enfant, en grandissant, ignore qui il est, et que personne ne puisse le lui dire.

— Vous avez compris.

— Cela est très-difficile à exécuter.

— Tout est possible avec de l'argent. Trouvez une femme honnête et malheureuse ; vous la conduirez loin, très-loin, hors de France, s'il se peut ; du moins vous voyagerez aussi longtemps que l'enfant pourra supporter le voyage. Vous l'établirez dans quelque endroit sauvage, isolé. La nourrice l'y élèvera comme s'il était son fils, ni mieux ni plus mal. Elle aura une forte récompense, si elle le mène à bien pendant trois ans. Vous la surveillerez d'ailleurs ; mais inutile de lui dire tout cela d'avance. Qu'elle vienne au jour dit, et qu'elle ne sache rien, sinon qu'il faut m'obéir, n'obéir qu'à moi ; c'est à vous de la choisir propre à l'exécution de mes desseins, c'est-à-dire libre de tout lien et prête à tout pour gagner honnêtement beaucoup d'argent.

— Et madame la comtesse, que dira-t-elle ?

— Ce qu'elle voudra. Il faut que l'enfant passe pour mort et qu'il le soit pour elle. Il mourra en nourrice. Voilà le thème.

— Et elle en mourra aussi, elle !

— Allons donc !

— Elle est déjà maternelle avec passion, monsieur le comte !

— Je ne veux pas qu'elle meure. Je la distrairai. Il y aura des larmes, je m'attends à cela ; mais ma résolution est inébranlable. Je l'ai juré en arrivant ici, sur la tombe de mon père, car nous nous entendions, lui et moi, sur un point capital, l'honneur de la famille. Pas de bâtards, pas d'enfants étrangers ! Le crime plutôt que la honte ; mais je suis sans passions. Il n'y aura pas de crime ; notre siècle s'entend mieux que les siècles passés à infliger le châtiment purement moral.

— Enlever un enfant à sa mère ! Et si elle n'est pas coupable ? si on a pris son bouquet sans qu'elle le sût ? si on est entré chez elle sans qu'elle s'en doutât ? si cet enfant est le vôtre ?

— Je n'en puis être sûr, tant pis pour elle !
Une femme d'esprit sait toujours empêcher un
homme de concevoir des espérances et de troubler
la quiétude du mari ; mais c'est trop discuter. Je
suis venu m'établir ici pour être dans le véritable
sanctuaire de mes souvenirs. C'est ici que j'ai fermé
les yeux de ma mère, la femme sans reproche
et sans faiblesse. Elle m'approuverait aujourd'hui
et mon père m'aiderait. Refusez-vous de m'aider,
Charles ?

— J'obéirai, monsieur le comte, mais à une condition essentielle : c'est que vous signerez la déclaration que j'ai préparée après mûre réflexion, pour votre décharge et pour la mienne, au cas où nous serions découverts.

Voici ce que j'avais préparé :

« Moi, comte Adalbert de Flamarande, je déclare que Louis-Gaston de Flamarande, mon fils, est envoyé par moi dans le Midi pour y être élevé dans les conditions d'hygiène particulières que je crois nécessaires pour le préserver du mal héréditaire dont mon père est mort, et dont j'ai souffert toute ma vie. En faisant le sacrifice de l'éloigner momentanément de moi, je crois remplir mon devoir envers lui. »

Le comte hésita beaucoup à signer cette petite page. Elle lui semblait hypocrite et lâche. Il prétendait ne pas vouloir mentir. Je lui dis qu'en faisant passer l'enfant pour mort, il mentirait bien davantage.

— Non pas, reprit-il. Un accident subit comme celui dont je voulais profiter me dispensait du mensonge, tandis qu'il me faudra inventer je ne sais quel autre sinistre.

— Eh bien, obligez madame à consentir à la séparation. Persuadez-lui que la vie de son enfant l'exige pour les raisons que j'ai spécifiées dans la déclaration. Ce sera moins cruel quand vous lui direz, dès que vous la verrez en état de recevoir le coup, que cet enfant à peine connu d'elle est mort loin d'elle.

— Non, non ! s'écria le comte. Je veux qu'elle le pleure amèrement. C'est là le châtiment, et il n'est que trop doux.

Puis, regardant d'un air sinistre le fleuve couleur de plomb qui reflétait un ciel gris et bas :

— Il pleuvra encore, dit-il, et la Loire monte toujours ! Évidemment le ciel est pour moi et avec moi. Donnez-moi cette déclaration, puisqu'il faut cacher le motif de ma vengeance pour en assurer l'effet !

XX

Il la signa, et je promis de lui obéir. Ce qui me décida, c'est que j'avais la femme sous la main et que j'étais sûr d'elle. C'était une suivante niçoise que j'avais connue à Paris, et qui, chassée pour une faute, était sans place et dans la misère avec un enfant naissant sur les bras. Je me rendis auprès d'elle et je m'assurai de son silence. C'était une personne fine et discrète, très-bonne mère, et qui me posa deux conditions : elle voulait conduire dans son pays l'enfant qu'on lui confierait ; elle avait là pour toute famille une sœur qui l'aimait et à qui elle avait, par lettres, avoué sa faute. Cette femme l'avait invitée à venir la trouver avec son enfant ; elle irait donc et lui présenterait le nourrisson comme sien, tandis qu'elle mettrait son véritable enfant en nourrice aux environs de Paris. Elle s'engageait à garder le nourrisson trois ans, après lesquels elle comptait reprendre son enfant

Cette mère n'avait qu'un but, sortir de la misère et gagner de quoi élever son fils. J'exigeai de mon côté que la sœur ne serait jamais dans la confidence. Je payai une forte avance, et, quand madame la comtesse fut près de son terme, j'installai la Niçoise à Orléans, M. le comte ne voulant pas qu'elle parût dans la maison avant le moment nécessaire.

Pendant que nous faisions ces tristes préparatifs, madame cousait les dentelles autour du berceau de satin rose. Elle ne sortait plus de sa chambre, monsieur ne la voyait presque pas, et je ne la voyais pas du tout. J'étais content de ne pas avoir le spectacle d'une joie que je devais changer en désespoir, et j'évitais de causer d'elle avec Julie.

Le 15 mai 1841, madame ressentit dans la nuit les premières douleurs, et je partis en chaise de poste pour aller chercher l'accoucheur et la nourrice à Orléans. Il n'y avait qu'une lieue à faire; mais elle me parut mortellement longue. La Loire, dont je suivais les rives, montait d'une manière effrayante, et menaçait de me couper la voie au retour, si j'étais retardé à la ville. Il avait plu tous les jours précédents; le ciel était noir et le vent lourd. Le cocher me mena ventre à terre, et le médecin fut prêt en un instant. Il refusa la chaise de poste, disant qu'il connaissait le chemin mieux que nous, et monta dans sa voiture. Je courus chercher la Niçoise, qui, au moment de quitter son enfant pour le confier à une de ses amies, pleura beaucoup. Je dus la brusquer un peu pour l'emmener, et je la conduisis sans encombre à Sévines. Le jour paraissait quand j'aperçus dans l'aube pâle et grisâtre les grands arbres du parc au-dessus de la terrasse dont les eaux jaunes du fleuve battaient le pied. Mon cœur était serré ; j'avais froid. Ce cocher qui fouettait avec rage ses chevaux effrayés par le mugissement de la Loire, cette femme qui pleurait à mes côtés, ce château où tant d'autres larmes plus douloureuses allaient couler..., tout était sinistre, et je tremblais comme un criminel.

Le médecin était déjà rendu, et déjà l'enfant était né ; madame n'avait pas fait entendre une plainte. M. le comte ne pouvait croire que ce fût déjà fini. On lui présentait son fils, qu'il ne regarda ni ne toucha. Il paraissait aussi calme que j'étais agité.

— Tout va bien, me dit-il en me prenant à l'écart. J'avais bien compté sur une inondation à cette époque de l'année, mais en voici une qui dépasse mes espérances. Elle entre déjà dans le parc par le côté de la prairie. Dans la journée, votre Niçoise promènera l'enfant de ce côté-là. Il faudra qu'on la voie s'y rendre et qu'on ne la voie pas rentrer. Vous me comprenez ?

— Où la cacherai-je ?

— Dans mon propre appartement, où vous la conduirez par la galerie. Il s'agit de n'être pas vu. Je ferai une diversion. Veillez à tout. Dès la nuit, une voiture sera prête. Vous y monterez avec la nourrice et l'enfant, et vous filerez sur le Midi sans vous arrêter nulle part; mais attendez. Je veux rendre la chose aussi peu tragique que possible. Appelez-moi le docteur.

Le docteur fut appelé, et, comme il vantait le courage et la belle humeur de madame la comtesse :

— Docteur, lui répondit M. le comte, méfiez-vous un peu de cette belle humeur-là. Madame est très-nerveuse et très-exaltée. Tâchez d'obtenir qu'elle repose et ne voie pas l'enfant avant quelques heures d'ici.

Le médecin crut devoir se conformer à cette précaution. Madame ne voulait pas dormir. Il l'y engagea en lui disant que c'était nécessaire. Elle voulait voir son enfant. Elle se plaignait doucement de ne pas le nourrir elle-même et de ne pas avoir encore aperçu la nourrice. M. le comte dut s'en mêler et lui parler de sa voix sèche et impérative. Elle se soumit, s'enferma avec Julie et dormit, vaincue par la fatigue.

XXI

Cependant l'inondation se déclarait; le docteur n'osait pas se remettre en route. Les paysans riverains fuyaient éperdus en emmenant leur bétail et leur mobilier. Dans la maison, bien qu'il n'y eût aucun danger à craindre et qu'on fût très-habitué à la vue de pareils sinistres, on était triste ou agacé, les femmes avaient peur ou se lamentaient sur les nombreux désastres que l'on pouvait prévoir. Vers une heure de l'après-midi, M. le comte alla voir la prairie, qui disparaissait rapidement sous les vagues chargées d'écume et de sable; il me commanda de faire sortir la Niçoise avec l'enfant. Il ne pleuvait pas; il y avait même un pâle rayon de soleil. M. le comte voulait qu'elle allât du côté de la prairie, qu'elle laissât tomber en cet endroit un châle et quelque objet appartenant à l'enfant, puis qu'elle fût ramenée et cachée par moi. Je devais ensuite donner l'alarme. On prendrait des précautions pour que la comtesse ne fût informée de rien. Au milieu de l'émotion produite par l'événement, je partirais, sans être vu, avec la nourrice et l'enfant, comme si j'allais à leur recherche. Tout était minutieusement prévu par le comte ; mais je fus pris d'épouvante, et je refusai d'agir.

— Monsieur le comte, m'écriai-je; je vois bien que vous voulez éluder l'essentiel. Malgré vos promesses, vous espérez échapper à la loi. Il faut que l'enfant soit présenté à la municipalité, il faut que vous le reconnaissiez, il le faut absolument; autrement, vous êtes passible de poursuites judiciaires, amende et prison.

— Je le sais, répondit-il. Je m'expose à cela, moi! reculez-vous?

— Oui, monsieur le comte. Rien d'illégal, c'est ma devise. Connaissant la loi par état pour ainsi dire, je serais inexcusable de l'enfreindre.

M. le comte me parla d'une somme considérable à gagner, et, voyant qu'il m'offensait sans me convaincre, il céda.

— La comtesse, dit-il, verra donc son fils ! J'aurais voulu, dans son intérêt, qu'elle n'eût pas le temps de s'attacher à lui; mais, puisque vous avez peur...

— J'ai peur de la tuer, m'écriai-je, et, s'il faut vous le dire, je n'ai pas d'autre peur.

Il garda un moment le silence, puis il me dit d'un ton singulier :

— Qu'on m'apporte l'enfant !

J'obéis à cet ordre étrange sans oser rien pressentir.

La nou... apporta l'enfant.

— Laissez-le-moi, nous dit le comte, et retirez-vous.

La Niçoise eut peur, et par instinct retint l'enfant contre sa poitrine.

— N'avez-vous pas entendu? reprit le comte froidement. Placez-le sur mon lit et ne revenez que quand je sonnerai.

Nous sortîmes ; mais, moi, je restai, l'œil et l'oreille collés au trou de la serrure. J'avais peur aussi pour la pauvre petite créature. J'étais résolu à la défendre, et je n'osais formuler ma pensée en moi-même.

Je vis alors une chose bizarre qui me fit douter de la raison de mon maître.

XXII

L'enfant dormait sur le lit. M. le comte prit dans sa ruelle un petit crucifix or et nacre qui lui venait de sa mère, et, le plaçant sur le marmot :

— Voici, dit-il, l'épreuve terrible ! Enfant, je vous adjure, au nom du Seigneur, de proclamer la vérité ! Ouvrez les yeux, si je prononce le véritable nom de votre père.

Et, d'une voix ferme, avec une attitude inspirée, il prononça par trois fois :

— Flamarande ! Flamarande ! Flamarande !

Le marmot ne bougea pas. Alors, le comte lui dit, comme s'il eût pu le comprendre :

— Vous n'êtes donc pas mon fils ? Peut-être avouerez-vous à présent le nom de votre père.

Et il appela :

— Salcède ! Salcède ! Salcède !

Le hasard voulut que le pauvre petit ouvrît les yeux, et M. le comte sonna vivement.

J'appelai la Niçoise, qui se tenait à trois pas de là, et je la fis rentrer. Le comte lui remit l'enfant en lui disant :

— Tenez-vous prête à sortir.

Puis, me retenant :

— Faites atteler, dit-il, nous irons à la municipalité. Il faut que le grand mensonge soit accompli. Demain matin le baptême, et demain soir le départ.

La mairie était à deux kilomètres du château. M. le comte fit monter en voiture la Niçoise et l'enfant, et, comme je lui tenais la portière :

— Je monte sur le siége, dit-il. Venez-y avec moi.

Puis, s'adressant au cocher :

— Donne-moi les rênes, Joseph ; je veux conduire. Monte dans la voiture ; je veux être aujourd'hui ton cocher.

— Monsieur le comte, dit Joseph, le cheval est terrible. Il n'a pas travaillé depuis huit jours, et le chemin est très-mauvais aujourd'hui.

— Eh bien, c'est pour ça, dit le comte en montant lestement sur le siége. Tu oublies, mon garçon, que c'est moi qui t'ai appris ton métier.

Joseph, soit respect, soit crainte d'un accident, monta sur le siége de derrière. Le cheval se cabra furieusement, le comte le fouetta de même ; nous partîmes ventre à terre. J'étais très-effrayé. M. de Flamarande était-il fou ? Voulait-il nous précipiter avec lui dans la Loire ?

Heureusement le hameau de Sévines était sur le chemin qui s'éloigne en droite ligne du fleuve, mais nous devions trouver par là un petit affluent probablement débordé aussi. Nous le franchîmes à gué sans accident, mais non sans terreur. Seul, M. le comte était impassible.

J'assistai comme témoin à la déclaration ; l'enfant reçut les noms de Louis-Gaston de Flamarande, et, quand nous remontâmes sur le siége, M. le comte me dit :

— Vous n'avez jamais conduit une voiture?

— Quelquefois un cabriolet.

— Eh bien, vous pouvez conduire ce coupé; prenez les rênes.

J'obéis ; cependant, au passage du ruisseau, je voulus les lui rendre.

— Non pas, dit-il, allez toujours.

Et il se mit à cingler le cheval, qui franchit comme un trait ce gué couvert d'un mètre d'eau. Alors, le comte, reprenant les rênes :

— C'est bien, dit-il, vous en savez assez ; vous prendrez demain soir cette voiture et ce cheval, c'est Zamore, vous le connaissez à présent. Il est capable de tout ; vous le conduirez toute la nuit sans vous arrêter, jusqu'à ce qu'il tombe. Il sera perdu, ne vous en inquiétez pas et prenez la poste dès qu'il sera fourbu. Ne vous arrêtez qu'au terme de votre voyage.

— Et si l'enfant était malade en route?

— Ne vous arrêtez pas.

— Et s'il mourait ?

— Ces enfants-là ne meurent jamais. A propos, êtes-vous capable de changer votre figure, de vous coller des favoris, de mettre une perruque ? Entrez ce soir dans le grenier numéro 7, dont voici la clef. On a joué ici la comédie avant mon mariage. J'ai fait transporter là tous les accessoires. Vous trouverez ce qu'il vous faut. Vous êtes adroit et intelligent. Comme vous avez appris à conduire, apprenez à vous transformer ; ce que l'on ne sait pas, on l'improvise.

Le lendemain, l'enfant fut baptisé provisoirement, c'est-à-dire ondoyé dans la chambre de sa mère. A midi, le comte me manda chez lui.

— Vous êtes fort troublé, me dit-il ; je vois que vous ne m'aiderez pas ici. Prenez Zamore et le coupé et rendez-vous à ma ferme de Montcarreau pour toucher l'argent qui m'est dû. Vous attendrez la nuit pour en partir, et, au lieu de rentrer ici, vous irez m'attendre à l'entrée du bois Verson, à l'endroit où je vous ai parlé, il y a huit jours, des affaires de Montcarreau.

Quand Joseph me remit Zamore, voyant que j'avais fait grande attention à la manière dont il s'y prenait pour l'atteler :

— Je pense, me dit-il, que la joie d'avoir un héritier a un peu troublé la cervelle de M. le comte. Vous charger de conduire Zamore ! c'est sé-

6.

rieux, ça; y avez-vous pensé, monsieur Charles?

— J'y penserai en route, répondis-je. Je n'ai pas de réflexion à faire avant d'obéir.

La ferme de Montcarreau était assez proche, et les chemins n'étaient pas défoncés par là. Le fermier me remit l'argent, et j'acceptai son dîner afin de gagner la soirée. J'étais dans une agitation inexprimable, mais je me contenais. Enfin la nuit vint, sombre et pluvieuse. Je me rendis au bois Verson, où j'attendis une heure. Je passai ce temps à caresser Zamore pour l'empêcher de casser tout. Le pauvre animal ne comprenait pas pourquoi, étant si proche du château, je ne le faisais pas rentrer, et moi, en le caressant, je pensais tristement :

— Tu ne sais pas, Zamore, que tu n'y rentreras jamais !

XXIII

Enfin, à dix heures, j'entendis dans l'obscurité les faibles vagissements de l'enfant, qui approchait rapidement. M. le comte conduisait résolûment la Niçoise à travers les sentiers du bois. Il la fit monter dans le coupé sans dire un mot, monta sur le siége et conduisit pendant près d'une lieue, qui fut franchie en dix minutes.

Alors, il me dit :

— Voilà le train dont il faut marcher. Je connais mon Zamore, il ira de cette allure jusqu'à trois ou quatre heures du matin. Vous serez alors près de Vierzon. Arrêtez-vous pour lire mes instructions détaillées que voici ; ne les perdez pas.

Il me remit un papier, sauta à terre et disparut.

Zamore était une bête admirable, M. le comte l'avait payé dix mille francs et disait l'avoir eu pour rien. Il n'était terrible que d'impatience ;

quand on ne le contrariait pas, il prenait une allure rapide, régulière et cadencée, ne s'effrayant de rien, ne reculant devant rien et ne montrant d'autre souci que celui d'avancer. Je le connaissais déjà, je n'avais plus peur de lui, je le tenais à peine. Il marchait, marchait, voyant clair dans les ténèbres, car j'avais eu soin de ne pas allumer les lanternes.

Dans l'intérieur de la voiture, la nourrice ne bougeait pas, l'enfant semblait dormir. Moi, je n'avais nul besoin de sommeil, j'avais la fièvre. J'avançais comme dans un rêve. Je sentais un vent tiède fouetter ma figure, et cela me soulageait. J'avais une idée fixe que je me répétais tout bas, mais en articulant les paroles, comme si j'avais eu besoin d'entendre une voix me les dire.

— Si tu avais refusé cette mission, ton maître eût fait périr l'enfant, car, s'il n'est pas cruel, il est fou, et cet enfant, que tu enlèves à sa mère, tu le sauves; marche donc, tu accomplis un devoir impérieux !

Et je me répétais d'une voix égarée: *Impérieux ! impérieux !*

Nous avions dépassé la Loge, qui était à cette époque le dernier relais de poste avant Vierzon. Zamore, qui n'avait pas ralenti un instant son allure, s'arrêta court et fit mine de se coucher. Je descendis et lui essuyai les naseaux avec mon mouchoir, qui fut aussitôt rempli de sang. Les clochers de

Vierzon se dressaient à peu de distance. Je regardai ma montre : nous avions gagné une heure sur le temps prévu par le comte. Je pouvais laisser respirer le noble animal. Je profitai de ce répit pour jeter les yeux sur le papier que m'avait remis mon maître. Il m'avait muni d'un petit appareil pour me procurer de la lumière.

« 1° A peu de distance de Vierzon, vous vous arrêterez cinq minutes pour arranger votre visage, car vous pouvez rencontrer dans cette ville quelque personne de connaissance. Si vous aviez à mettre Zamore en dépôt, prenez le nom de Jacques le Seuil, et dites que vous viendrez chercher votre cheval dans quinze jours. Payez d'avance sa nourriture.

» Vous prendrez connaissance du second paragraphe quand, les chevaux de poste étant attelés, vous remonterez dans le coupé. Faites que la nourrice ne sorte pas de la voiture et ne se laisse pas apercevoir à Vierzon ni ailleurs. »

Je recommandai donc à la Niçoise de s'enfermer, et, tirant Zamore par la bride, j'essayai de le faire marcher. Il s'y refusa. J'attendis encore quelques minutes ; alors, il frappa du pied comme pour me dire qu'il voulait repartir, et je remontai sur le siége ; l'hémorragie semblait arrêtée. Il reprit alors son trot admirable ; seulement, il secouait la tête, et, en me retournant, à la lueur du jour naissant, je voyais la trace de son sang sur la blancheur du chemin. Il arriva ainsi au relais, et, pendant qu'on le dételait, il tomba pour ne plus se relever.

— Votre cheval est mort, me cria-t-on.

Je ne puis dire l'impression que me causa cet incident prévu et le sentiment de douleur que j'éprouvai quand on ajouta :

— Une belle bête ! c'est malheureux.

Dix minutes après, n'ayant pas eu la peine de prendre et de laisser un nom quelconque, j'étais dans le coupé, et la voiture filait sur la route de Bourges. Je regardais l'enfant qui reposait tranquillement. Je ne répondais pas à la Niçoise, qui me parlait et que je n'entendais pas. Je me sentais tout à coup glacé et brisé. Je la priai de me laisser dormir une heure, et je dormis.

Au relais suivant, ayant consulté mes instructions, j'achetai des aliments pour nous. Il y avait dans la voiture un peu de linge pour l'enfant ; il m'était prescrit de lui fournir, ainsi qu'à la nourrice, tout ce qui serait nécessaire, mais de faire des emplettes fréquentes et de peu d'importance pour ne pas attirer l'attention. Je devais permettre à la nourrice de descendre de temps en temps et de marcher un peu, si elle en éprouvait le besoin ; dans les endroits habités, elle ne devait pas se laisser voir. Notre itinéraire par Bourges, Moulins, Roanne,

Lyon, etc., était tracé avec une exactitude et une netteté remarquables. Ce n'était pas là le travail d'un fou. Tout était minutieusement prévu, même les questions qu'on pouvait nous adresser et les réponses que nous devions faire.

XXIV

Dès que je fus assez remis de ma fatigue et de mon émotion pour causer avec la Niçoise, je vis que la pauvre femme avait été aussi bouleversée que moi, et j'eus à me défendre de ses reproches. Elle était avant tout en défiance de mon travestissement et ne consentit à me reconnaître que quand j'eus retiré ma perruque et mes favoris blonds.

— C'est égal, répétait-elle, vous m'avez fait faire une mauvaise action. Vous me disiez que je gagnerais beaucoup d'argent sans faire rien de mal; vous m'avez trompée! Nous enlevons ce pauvre petit, et sa mère, qui n'en sait rien, ne l'aurait certainement pas souffert. Elle est bonne, cette dame, c'est un ange de douceur, et le mari a l'air d'un diable qui se moque de Dieu et des hommes. Il fait peur quand il vous regarde. Je n'ai pas osé lui résister hier quand il m'a dit d'aller à la prairie. J'ai pourtant demandé pourquoi dans cet endroit-là, que l'on disait tout inondé?

» — Pourquoi? m'a-t-il répondu. *Pourquoi* est un mot qu'il ne faut pas me dire, ou notre contrat est rompu.

» J'ai fait ce qu'il voulait. J'ai suivi l'allée qui traverse la prairie; c'était très-glissant, j'avais peur de tomber. J'ai été jusqu'à une cabane où il y avait des cygnes, et je suis revenue vite en passant par l'allée couverte, comme M. le comte me l'avait ordonné. Là, je l'ai trouvé qui m'attendait, et il m'a conduite dans son appartement, où il y avait de la lumière, parce que tout était fermé.

» — Je vous cache, me dit-il : ne bougez pas d'ici. Voici un sofa pour vous reposer, si vous voulez, ou pour faire dormir l'enfant. Dans cette armoire, vous trouverez de quoi manger.

» Il est sorti, et j'ai cru entendre remuer beaucoup dans la maison et marcher au dehors, comme si on me cherchait. A la nuit, M. le comte est revenu me dire de changer l'enfant avec des effets qui étaient dans une autre armoire. C'étaient des affaires beaucoup moins belles et pas marquées. Il a pris alors tout ce que l'enfant avait auparavant sur le corps et l'a fait brûler dans un grand feu. Puis il m'a dit de me tenir prête à le suivre quand il reviendrait, et, à neuf heures et demie du soir, il a reparu, m'a fait passer par un escalier qui tourne dans une tourelle, et, me soutenant pour m'aider à marcher, car je tremblais et perdais la tête, il m'a conduite à ce bois où vous attendiez. Pourquoi tout cela? Je veux le savoir.

— Vous m'aviez juré, lui dis-je, de ne pas le demander.

— Je veux le savoir, ou, dès que je serai rendue chez nous, je fais ma déclaration au maire. Je ne veux pas me mettre une méchante affaire sur les bras.

J'eus beau donner à cette femme l'explication dont j'étais convenu avec M. le comte, elle ne voulait pas me croire, et je dus lui montrer la déclaration qu'il m'avait signée. Elle savait lire et parut se tranquilliser. Elle eut grand soin de l'enfant, et je l'aidai de mon mieux, assez inquiet au fond d'exposer un nouveau-né à une pareille course ininterrompue pendant quatre jours et quatre nuits. Il ne parut pas s'en apercevoir. Il restait tranquille comme s'il acceptait la vie dans n'importe quelles conditions. Il nous rendit le voyage plus facile et moins dangereux que je ne m'y étais attendu. La Niçoise, sauf la préoccupation du chagrin qu'elle causait à la véritable mère, était gaiement maternelle pour son nourrisson et ne se plaignait de rien. Elle avait une grande joie de revoir les oliviers grisâtres et les collines pierreuses de son pays. Elle me le vantait avec l'emphase méridionale. Selon elle, son village était le plus bel endroit de l'univers.

Le pays était beau, je dois le dire, mais le village était bien le plus affreux coupe-gorge que j'aie vu. C'était à trois lieues de Nice, dans la montagne, au pied des grandes Alpes. Il y faisait très-froid ; c'était perché sur un rocher en pain de sucre, d'où la vue était admirable ; mais, comme c'était un ancien domaine de templiers, fortifié et entouré de murailles ébréchées et de tours décrépites, une fois entré dans le bourg, on ne voyait plus qu'un amas de vieilles maisons se pressant contre le rocher en ruelles profondes, étroites et sombres. Pas un point d'où l'on pût apercevoir la mer et les montagnes ; on eût dit qu'au milieu d'une terre splendide et sous un ciel d'azur les anciens fondateurs de cette citadelle avaient résolu, pour n'être pas vus du dehors, de ne voir eux-mêmes que leur sordide demeure. La place, au centre du bourg, était toute bordée d'arcades basses et massives formant galerie, et les habitations placées au-dessous ne recevaient même pas la lumière du ciel. La Niçoise, qui demeurait par là, voulut en vain me faire convenir que cela ressemblait aux galeries du Palais-Royal.

Je pensai avec effroi à ce que ressentirait la comtesse de Flamarande, si elle pouvait voir l'affreuse prison où son fils entrait, au sortir de sa demeure soyeuse et parfumée ; mais je regardai les gamins maigres, bruns, agiles et forts, qui jouaient bruyamment sur ces pavés disjoints et faisaient retentir de leurs voix énergiques les voûtes suintantes de misère et de tristesse.

— Ils vivent quand même, me disais-je, ils ont une vie intense et ardente. Ils sont plus forts et plus sains que le comte de Flamarande élevé dans le coton.

XXV

Je me présentai à la sœur de la nourrice comme un pasteur protestant qui, voyageant seul dans sa voiture de poste, avait rencontré une mère et son enfant très-fatigués à un relais de diligence. Je les avais pris par charité dans ma voiture, j'étais un homme évangélique. J'en avais au moins la mine, le costume et le langage.

La pauvre sœur de ma Niçoise ne savait comment me témoigner sa reconnaissance et son admiration. Ce fut bien autre chose quand, après avoir exploré le village, je trouvai une maisonnette plus propre et mieux aérée que la sienne, dont je payai d'avance le loyer — vraiment ce n'était pas cher ! — et où les deux sœurs me promirent de s'installer le lendemain. J'avais fait cette pauvre munificence de mon chef et à mon compte, car M. de Flamarande dans ses instructions n'avait pas prévu que je dusse me tant soucier du bien-être du pauvre petit exilé. Moi, je pensais racheter ma complicité dans cette ténébreuse affaire en me préoccupant de Gaston, comme s'il eût dû porter un jour le nom de Flamarande et retrouver sa mère.

Le lendemain matin, ayant veillé à tout, tout prévu, et remis à la nourrice une somme assez ronde pour payer son silence, je remontai dans ma voiture, et, conformément aux derniers paragraphes de mes instructions, je pris la poste pour l'Italie et m'en allai louer et préparer une villa aux environs de Pérouse, sur les bords du beau lac de Trasimène. Là, je devais attendre l'arrivée de mes maîtres.

Tel fut l'accomplissement du projet hardi et bizarre que le comte avait formé d'ensevelir vivant le fils de sa femme et de le faire passer pour mort dans l'inondation de Sévines. J'avais jugé ce projet irréalisable, mais le succès dépassa de beaucoup mes prévisions, car des années devaient s'écouler avant que le secret fût éventé.

Trois semaines après mon installation au lac de Pérouse, je reçus une lettre qui m'annonçait l'arrivée du comte pour la fin de la semaine, et qui se terminait par ces mots : « Veillez à tout, conformément à mes instructions, derniers paragraphes. »

Je compris qu'il s'agissait de l'enfant, et je relus attentivement le thème relatif à mon départ de Sévines. Je devais ignorer absolument la disparition de l'enfant, puisqu'il était censé englouti par

les eaux le 16 mai à deux heures de l'après-midi
et que j'avais quitté Sévines à midi ; j'avais été
dépêché par M. le comte pour une rentrée importante qu'il avait à faire à Marseille et qui lui causait quelque inquiétude. Auparavant, j'avais été à
la ferme de Montcarreau, où il y avait aussi de
l'argent à toucher. Le fermier m'ayant fait attendre, je ne m'étais mis en route pour Marseille
que le soir, et j'avais pris la poste après avoir, par
l'ordre du comte, vendu en route le cheval dont il
voulait se défaire. Enfin, à Marseille, j'étais censé
avoir reçu de M. le comte une lettre qui m'ordonnait, aussitôt après avoir touché l'argent, de me
rendre à Pérouse. Cette lettre n'entrant dans aucun détail, je devais ignorer absolument l'événement de Sévines et témoigner beaucoup d'étonnement et de consternation à Julie, la seule personne
qui pût m'en parler, car elle était la seule qu'on
dût mener à Pérouse. Quant à madame, il n'était
pas probable qu'elle eût l'idée de m'interroger ;
mais ma leçon était faite, je pouvais l'attendre de
pied ferme.

De pied ferme ! oui, sans doute, j'avais pris déjà
l'habitude du rôle impassible qui m'était imposé ;
mais mon cœur m'étouffa quand je vis descendre
de voiture cette femme si belle et si heureuse un
mois auparavant. Elle n'était plus que l'ombre
d'elle-même. Bien qu'elle n'eût pas fait de maladie
grave en apprenant son malheur, elle dépérissait,

rongée par un chagrin lent et profond. Je pensai qu'elle venait là pour mourir, et M. de Flamarande me parut haïssable. La pensée me vint de tout révéler; mais j'étais trop avancé, trop compromis pour reculer si vite.

— Attendons, me disais-je. Si elle surmonte cette crise, il sera moins douloureux pour elle d'accepter un fait accompli que de savoir son fils banni et remis à des mains étrangères. Elle ne se résignerait sans doute pas à l'y laisser, et, l'obstination et la résolution de M. le comte étant données, qui sait ce qu'il n'imaginerait pas encore pour que l'enfant ne fût jamais retrouvé?

Je supportai donc l'épreuve quand madame, en me voyant venir à sa rencontre, me dit :

— Vous savez, Charles, ce qui m'est arrivé?

Elle n'attendit pas ma réponse, et ma figure seule lui exprima mon feint étonnement. Dès que je fus seul avec Julie et qu'elle eut répondu à mes premières questions, elle entra dans les détails que je brûlais de savoir.

XXVI

— C'est une désolation, me dit-elle, et je crois que madame n'y survivra pas. Quant à moi, j'en ferai une maladie, car de la voir pleurer le jour et la nuit..., oui, Charles, ses larmes ne tarissent pas; elles tombent sur son pain quand elle mange, elles inondent son oreiller quand elle dort. Monsieur lui parle, l'exhorte au courage; elle ne répond pas, elle n'essuie pas seulement ses yeux, dont les pleurs ont déjà creusé un sillon sur ses joues. Je ne croyais pas qu'une femme pût regretter comme cela un enfant de deux jours, qu'elle a à peine vu. Ce que c'est que la maternité! Dieu m'en préserve à tout jamais!

— *Amen*, Julie; mais vous ne me dites pas comment le malheur est arrivé.

— Qui peut le savoir? Personne ne le sait. Cette imbécile de nourrice que vous aviez procurée...

— Ce n'est pas moi. Je ne la connaissais pas, c'est M. le comte qui m'a donné l'ordre d'aller la chercher à Orléans ; elle était retenue d'avance.

— Ah ! c'est possible. Il n'a dit à personne qui elle était et d'où elle sortait ; même cela inquiétait madame, et tout le monde était étonné autant qu'on peut l'être d'une bizarrerie de M. le comte, qui ne fait rien comme les autres... Tant il y a qu'elle a été à la prairie jusqu'à la cabane des cygnes, comme si cela pouvait intéresser un pauvre petit dont les yeux ne sont pas encore ouverts ! Sans doute qu'elle n'avait jamais vu de cygnes et qu'elle a cédé à une stupide curiosité ; elle y a été et elle n'en est pas revenue. On a vu la trace de ses pieds sur le sable, on l'appelait, on la cherchait partout, quand un jardinier a rapporté son châle et le petit bonnet de l'enfant que l'eau roulait sur le sable de l'allée. On a couru partout ; je crois que, pendant huit jours et huit nuits, on ne s'est pas arrêté un instant. M. le comte ne rentrait plus ; il allait partout, tantôt avec Joseph, le plus souvent seul, à cheval ou à pied ; sa figure restait tranquille, il n'ouvrait la bouche que pour donner des ordres. Il n'espérait rien, il voulait retrouver le corps ; il a fallu y renoncer. Quand quelqu'un se hasardait à lui marquer du chagrin ou de l'intérêt, il disait d'un ton brusque :

» — Ne me parlez pas.

» Quant à madame, elle nous accablait de questions et nous demandait son enfant d'une voix déchirante. On lui a fait croire qu'il ne fallait pas qu'il vînt dans sa chambre pendant qu'elle serait sous le coup de la fièvre de lait; monsieur n'avait sans doute pas le courage de la tromper, c'est le docteur qui en était chargé. Enfin, lorsque cela n'a plus été possible, on a été forcé de lui avouer que le petit était malade et qu'on l'avait fait changer d'air, parce que l'humidité du rivage avec cette rivière débordée lui était contraire. Cela a pu se soutenir pendant quelques jours encore; mais, dès qu'elle a pu se lever, elle a voulu aller voir son enfant, et c'est le docteur qui s'est résigné à lui dire qu'il était mort d'une fluxion de poitrine. On lui a caché cette fin trop tragique de l'enfant noyé avec sa nourrice. Nous ne l'avons pas perdue de vue afin qu'elle n'entendît rien qui pût la lui apprendre, et elle n'en sait rien encore, car, aussitôt que le médecin l'a déclarée en état de partir, M. le comte nous a annoncé, à elle et à moi, qu'il nous menait en Italie pour distraire et guérir madame; mais il n'en viendra pas à bout: madame ne s'intéresse à rien, ne voit rien, ne pense à rien qu'à sa douleur; elle ne se plaint pas, elle se soumet à tout ce qu'on lui prescrit pour sa santé; elle ne dit pas: « A quoi bon vivre? » mais elle se le dit à elle-même; c'est bien facile à voir, elle en mourra.

Malgré les prédictions de Julie et mes propres inquiétudes, madame se rétablit peu à peu, et même sa tristesse sembla se dissiper. Julie m'en apprit la cause. La comtesse, au bout de trois mois, était de nouveau enceinte et se reprenait à l'espoir d'être mère. M. le comte en parut satisfait. Il montrait depuis l'événement de Sévines une étonnante égalité de caractère. L'Italie lui faisait du bien ; il semblait tout à fait guéri. Il chassait beaucoup sur les bords du lac, voyait peu sa femme en dehors des repas, mais la traitait avec plus de douceur qu'auparavant.

Il se rendit au désir qu'elle lui exprimait de faire ses couches en Italie. Leur villa n'était pas bien belle, je n'avais pu trouver mieux ; mais le site était admirable, l'air excellent, et rien ne rappelait le triste séjour de Sévines.

Un jour, M. le comte me parut de bonne humeur, et je me hasardai à lui demander la permission d'aller à Marseille, où j'avais affaire.

— C'est fort bien, me dit-il, je vous donne un mois de congé. Vous aurez le temps de vous informer de la santé de *l'autre;* vous écrirez à la Niçoise, et vous saurez si elle ne manque de rien. Nous n'avons personne dans notre secret, il faut qu'elle ait tout intérêt à le garder.

Je ne confiai point à M. le comte que j'avais le projet d'aller à Nice et de voir par moi-même. J'avais un impérieux besoin de me préoccuper du pauvre enfant, j'en rêvais toutes les nuits ; j'étais comme un homme qui a un crime sur la conscience.

XXVII

J'allai donc à la forteresse des templiers, jouant toujours mon rôle de pasteur charitable, et je trouvai l'enfant superbe, les deux femmes heureuses. J'étais tout joyeux en retournant à Pérouse, il me semblait avoir reconquis le droit de soutenir le regard de madame.

Je trouvai un certain changement dans le ménage. M. le comte avait de grands égards pour sa femme, il craignait qu'elle ne s'ennuyât dans sa solitude de Trasimène, et s'apprêtait à lui faire passer l'hiver à Naples. Je ne pus me défendre de lui dire que je voyais avec satisfaction qu'il avait renoncé à son système de ressentiment.

— Oui, répondit-il, j'ai abrégé le temps des épreuves. Elle a expié par beaucoup de larmes ; c'est bien assez, le spectacle n'est pas réjouissant. Elle va me donner un héritier ; il m'en faut un, le mariage n'a pas d'autre but. Cette fois-ci, je suis sûr d'elle, je ne l'ai pas perdue de vue. Je tiens à ce qu'elle ne soit ni triste ni malade, je lui dois des distractions.

On passa l'hiver à Naples après avoir visité Florence et Rome. Madame eut une très-heureuse grossesse. Au mois de mai 1842, juste un an après la naissance du premier Flamarande, il en naissait un second, beau et bien constitué comme l'autre. Madame avait demandé à retourner au lac de Pérouse ; elle aimait l'endroit et le climat. Monsieur ne lui avait pas refusé la joie de nourrir elle-même son second fils, Juste-Roger de Flamarande. Elle reporta sur son nouveau trésor l'ardent amour qu'elle avait conçu pour le premier ; elle ne le quitta pas un instant, et ne parut plus vivre que de sa vie. Dès lors, M. le comte fut tranquille et se dit que son but était rempli. Madame vécut si retirée, et cela volontairement, elle eut une conduite si exemplaire, on pourrait dire si édifiante, qu'il oublia le passé comme un mauvais rêve, et que son ménage parut un des plus heureux qu'on puisse imaginer.

Comme l'Italie était très-favorable à sa santé, il résolut d'y vivre plusieurs années. Il eût aimé à se fixer à Florence, mais madame préférait Pérouse, et il y loua un vieux palais, près de cette admirable place où tant de monuments étalent leur magnificence. Il y vit du monde et ne montra plus la moindre jalousie. On passait les étés au lac, ce beau lac rose où Roger avait vu la lumière sous de plus heureux auspices que Gaston à Sévines.

Ce bonheur dura trois ans. Personne n'eût voulu croire qu'un drame poignant s'était accompli dans cet heureux intérieur. M. de Salcède était guéri et parti pour un voyage au long cours. Je voyais Gaston tous les ans : il grandissait, il était beau, il menait joyeuse vie avec les gamins de son âge. Il paraissait heureux, sa nourrice l'adorait, car il était doux et bon. J'avais donc l'esprit tranquille de ce côté-là, et je me disais qu'en voyant la comtesse si sage, si vertueuse, son mari repousserait ses propres soupçons et lui rendrait son premier-né.

J'essayai de l'y amener.

— Jamais ! me dit-il, oh ! cela, jamais ! Comment pouvez-vous avoir une pareille idée à présent que j'ai un vrai fils, un beau garçon qui est ma chair et mon sang, et qui, devant Dieu comme devant les hommes, a le droit de porter mon nom et de perpétuer ma race ? Quoi ! j'irais lui donner pour aîné, pour chef de famille, un problème, un objet de doute, de honte et de douleur ? Non, non, jamais ! Je veux que le fils douteux vive dans l'ignorance de ses droits légaux, c'est-à-dire des droits illégitimes que la loi lui confère. Les ignorant, il ne les réclamera jamais.

— Jamais est un grand mot, monsieur le comte ! Le temps amène tant de choses imprévues !

— Celle-ci, reprit-il, est aussi sûre que peut l'être une chose humaine. Il s'agit seulement de la compléter, car nous sommes trois dans le secret, et la nourrice, n'étant plus nécessaire, est de trop dans nos affaires. L'enfant a maintenant trois ans, il est temps de l'isoler de cette famille que je lui ai provisoirement donnée. Vous allez partir pour le chercher, et vous le conduirez n'importe dans quel autre milieu, où vous vous arrangerez de façon qu'il arrive absolument inconnu et soit élevé en paysan ou en ouvrier, en homme du peuple enfin. Puisque vous vous intéressez à lui, faites que son éducation soit morale et qu'il ait le moyen de s'établir un jour dans l'humble condition que je lui assigne. Je fournirai l'argent nécessaire, mais que je n'entende plus jamais parler de lui, ou malheur à lui !

— Alors, répondis-je consterné, que M. le comte veuille bien me donner ses instructions écrites comme la première fois ; je m'y conformerai.

—Non, Charles, reprit-il de son ton le plus absolu. Plus d'instructions ! vous prendrez tout sur vous. Vous savez mes intentions, ma volonté inébranlable. Moi, j'ai une foi absolue en votre délicatesse. Vous ferez à l'enfant tout le bien possible dans la limite tracée, c'est-à-dire que ce Salcède sera peuple, élevé par le peuple, établi dans le peuple. Épargnez-lui la misère, le rachitisme, l'abaissement, mais non le travail ! Ne le gâtez pas, il deviendrait un bandit, car je compte ne lui donner jamais que le nécessaire. Allez, mon ami, débarrassez-moi de lui pour toujours et réclamez de ma gratitude tout ce que votre conscience vous autorisera à réclamer.

— Rien, monsieur le comte, oh ! rien, jamais pour cette affaire désolante ! Vous ne pouvez rien pour me soustraire au châtiment, si je suis découvert.

— Vous vous trompez : je peux vous autoriser à produire la déclaration que vous m'avez fait signer, et qui nous justifie l'un et l'autre. Je vous y autorise d'avance en cas de malheur; mais aucun malheur ne vous arrivera, et, j'en ai la certitude absolue, tout réussira !

— Vous ne pouvez pas l'avoir !...

— Je l'ai.

XXVIII

Avait-il encore fait quelque épreuve, quelque incantation mystique, comme celle qu'il avait fait subir à Gaston le lendemain de sa naissance? M. le comte ne doutait de rien, il était superstitieux. Moi qui ne croyais point à mon étoile, j'étais un trop pauvre sire pour en avoir une, je partis fort inquiet pour Nice, où j'espérais rencontrer la nourrice de Gaston le jour du marché. Je l'y trouvai en effet et lui commandai de partir pour Paris le surlendemain; moi, je m'y rendais à l'instant même; j'allais, muni de ses instructions et de ses pouvoirs, lui chercher son fils à Saint-Germain, et je le lui amènerais à la diligence, où elle devait se trouver à l'heure et au jour dits avec Gaston. Ainsi s'accomplit l'échange des deux enfants, comme il avait été convenu. Je remis à la Niçoise la somme de vingt mille francs pour s'établir aux environs de Paris, ainsi qu'elle en avait l'intention. Je pris

Gaston par la main, et, sans attendre que cette femme, partagée entre le chagrin de le quitter et la joie de retrouver son fils, eût pu l'informer de rien, je l'emmenai dans un fiacre.

Je pris grand soin de l'amuser, de le distraire et de le faire reposer pendant deux jours dans un domicile improvisé que je m'étais assuré dans un faubourg; après quoi, je pris la diligence, et le conduisis secrètement à Flamarande.

Puisque j'avais carte blanche, j'avais fait mon plan. Je m'étais attaché à cet enfant, je tenais à ce qu'il fût heureux; pour rien au monde, je ne l'eusse confié à de simples mercenaires. Je n'avais jamais rencontré de famille plus unie et plus honnête que celle de Michelin. De plus, je ne voyais pas de localité plus propre que le hameau perdu de Flamarande à ensevelir un secret. C'était une impasse de la montagne, impraticable ou peu s'en faut pour des gens civilisés. Madame de Montesparre, depuis le départ de M. de Salcède, dénoûment douloureux de ses espérances, avait pris Montesparre en dégoût. Elle n'y allait plus et parlait de le vendre. M. de Salcède, s'il revenait de ses lointaines pérégrinations, n'avait plus de raisons pour aller explorer les environs de Flamarande; mais, eût-il dû y retourner et madame de Montesparre dût-elle encore lui donner asile dans son château, quel risque pouvaient-ils faire courir au secret de mon maître après les précautions que je comptais prendre?

D'ailleurs ce qui me détermina principalement, ce fut l'espoir qu'avec le temps M. le comte reconnaîtrait son erreur et réparerait son injustice. Je voulais qu'en ce cas Gaston se trouvât sous sa main, et que, se conformant au texte de la déclaration que j'avais obtenue, le comte pût, sans révéler sa jalousie, dire à sa femme :

— J'ai voulu le faire élever en paysan pour lui assurer une forte constitution, et, prévoyant votre opposition, je vous l'ai soustrait; mais je ne l'ai point banni de la maison paternelle, il est dans ma terre, dans ma propriété, il est *chez moi*, élevé par des gens qui sont à moi. Je n'ai pas cessé de veiller sur lui.

Il était bien nécessaire, le cas échéant, que M. le comte pût parler ainsi à sa femme et à tout le monde. L'interprétation donnée ainsi par lui de sa conduite étonnerait sans doute de sa part, cependant elle étonnerait moins que de celle de tout autre. On le savait bizarre, et bien des gens le supposaient fou. Dans tous les cas, si quelque blâme pouvait l'atteindre, il n'était possible d'aucun recours judiciaire. Il avait usé de son autorité paternelle avec l'intention d'en user dans l'intérêt de son fils. J'avais obéi, moi, au chef de la famille; je pouvais faire constater les soins et les égards que j'avais eus pour l'enfant. Il n'était ni dans la catégorie des *abandonnés* ni dans celle des *recélés*. Il n'y avait pas *suppression d'état*. Son acte de naissance était en règle. Celui de son décès n'existait pas plus que celui de sa nourrice, puisqu'on n'avait pu constater que la probabilité de leur mort.

L'installation à Flamarande me parut donc une trouvaille, une idée excellente, et je m'y rendis, résolu à confier l'enfant comme mon fils aux fermiers de M. le comte.

XXIX

Les choses tournèrent autrement que je ne l'avais prévu. J'avais pris la diligence sans autre mystère que celui de m'affubler de mon costume de pasteur protestant, qui, étant non pas un déguisement, mais un habillement quelconque, sérieux et décent, avait l'avantage de me servir partout et d'être improvisé n'importe où. Le véritable travestissement était celui de ma figure, que j'étais devenu très-habile à rendre méconnaissable. Je pouvais donc me présenter à Flamarande sans être reconnu pour le valet de chambre et l'homme de confiance de M. le comte. J'avais laissé à l'enfant le costume de villageois, qu'il portait à Nice. Il avait alors trois ans et trois mois, car nous étions en été. Il était très-grand pour son âge, et je pouvais facilement lui donner quatre ans. Il ne savait pas un mot de français et ne parlait que le patois méridional de sa montagne. Il n'y avait donc pas de risque qu'il pût donner aux autres patoiseurs de Flamarande le moindre renseignement sur son propre compte. Il se passerait assez de temps avant qu'il pût s'entendre avec eux, pour lui faire oublier jusqu'à son nom, et encore ce nom n'était-il pas le sien. Je lui avais imposé celui d'*Espérance*. Il ne s'en connaissait pas d'autre.

J'approchais de Flamarande avec une grande impatience d'arriver. Mon petit Espérance n'était pas embarrassant ; je n'ai jamais connu d'enfant plus tranquille et plus doux. Il avait une santé excellente. Rien ne le fatiguait ni ne l'effrayait ; mais il avait plus de mémoire et d'attachement que je n'aurais voulu, et sa tristesse morne me rendait extrêmement malheureux. Il devait s'ennuyer beaucoup, ne comprenant rien et ne se faisant comprendre de personne, pas même de moi. Je devinais bien son idée fixe. Il me redemandait sa *mama*, c'est-à-dire sa Niçoise, tous les quarts d'heure. Je lui disais par gestes que nous allions la rejoindre. Il se résignait ; cependant il y avait dans ses beaux grands yeux une expression de détresse et d'effroi qui me déchirait le cœur. Je ne me donne pas pour plus sensible qu'un autre, mais une peine morale infligée à un enfant m'a toujours navré comme un fait hors nature.

J'avais pris à Aurillac, où nous avions quitté la diligence venant de Clermont, un cabriolet de louage pour deux jours, car je comptais arriver le soir à

Flamarande et repartir le lendemain matin. Je ne dissimulais pas Gaston, assis à mes côtés. Il devait passer pour mon fils.

Je n'avais pu trouver un bon cheval. Celui qui nous conduisait paraissait très-fatigué quand nous arrivâmes au cabaret de *la Violette*, situé au détour de la route, en face du chemin de Flamarande. Je n'avais pas dit au conducteur où j'allais précisément. J'avais annoncé une journée de six à huit lieues. L'habitude de compter par kilomètres n'était pas encore populaire dans les campagnes, et la lieue de pays était une mesure vague qui prêtait à contestation. Aussi, quand j'ordonnai à mon homme d'entrer dans la montagne, il discuta, prétendit avoir fait plus de dix lieues, et déclara que son cheval n'irait pas plus loin ce jour-là. Je pouvais très-bien coucher à *la Violette*, qui était là devant nous, un bon gîte, disait-il, bien qu'il ne payât pas de mine. Je m'y refusai, et pour avoir raison de sa résistance, je lui permis de faire reposer son cheval et de boire un verre de vin à *la Violette*, bien qu'il m'eût déjà fait faire à mi-chemin une halte de deux heures. Je demandai une tasse de lait pour Gaston. J'avais apporté des gâteaux, je le fis manger et m'armai de patience.

L'endroit était triste, un véritable désert de bruyères, sur un sol si tourmenté qu'on n'apercevait à perte de vue ni cabanes ni troupeaux. La route, n'étant, à vrai dire, qu'un chemin d'utilité communale, était peu fréquentée; nous n'avions, durant les deux dernières heures, rencontré qu'un muletier.

La nuit tombait, et mon automédon me questionnait sur le but de mon voyage. J'allais lui répondre quand je vis entrer le muletier, que nous avions devancé et dont la figure ne m'avait pas frappé.

— Ah! voilà Yvoine! s'écria notre hôte; sois le bienvenu, mon vieux, et assieds-toi là. Où donc vas-tu aujourd'hui?

Ce nom d'Yvoine réveilla mes souvenirs. C'était le montagnard que nous avions rencontré portant le bagage de M. de Salcède le jour où je le vis pour la première fois revenant à pied de Flamarande. Il avait rebroussé chemin avec nous, et avait accompagné le lendemain M. le comte à la chasse. Depuis il était venu à Montesparre apporter des plantes de montagne à Salcède, et se mettre à ses ordres pour de nouvelles excursions que Salcède, enchaîné par l'amour, avait toujours différées. Je connaissais donc très-bien Ambroise Yvoine, un brave homme faisant tous les petits métiers de la plaine à la montagne. Il me sembla qu'il me regardait avec attention, et je me sentis très-inquiet; mais, après quelque hésitation, il me parut absolument trompé par l'arrangement de ma figure, de ma voix et de mes manières. Il répondit à ses hôtes qu'il allait à la foire de Salers vendre trois mulets, et il demanda le gîte

8

pour la nuit. On lui apporta à souper. Il me regardait de temps en temps, mais il détournait les yeux comme par savoir-vivre quand je le regardais.

XXX

Bien qu'il ne me reconnût pas, sa présence me gênait un peu, et j'avais hâte de partir. Voyant que mon conducteur s'obstinait et que la promesse d'une augmentation de payement ne le décidait pas, — il ne voulait pas désobliger les cabaretiers de *la Violette*, qui comptaient bien me garder la nuit, — je pris mon parti, et, l'emmenant dehors, je lui payai sa journée en lui déclarant que je n'avais plus besoin de lui. Il exigea la journée du lendemain qu'il emploierait à rentrer chez lui. Je la lui payai également et je le quittai sans lui dire où j'allais, mais en lui laissant croire que je me rendais à Lascelle, qui est un hameau plus rapproché que Flamarande et qui est un peu plus fréquenté.

Lorsque je fus hors de sa vue, je m'outillai pour porter Gaston et mon petit paquet sans trop de gêne. L'enfant marcha assez longtemps; mais, quand la nuit fut tout à fait venue, il s'endormit en marchant comme si un ressort se fût détendu à l'heure dite. Je le pris dans mes bras. Il était lourd comme un enfant qui dort; mais j'étais encore jeune et assez robuste, la nuit était pure et fraîche. En n'allant pas trop vite, je ne me fatiguai pas beaucoup.

Pourtant je vis avec plaisir le donjon se dessiner en blancheur vague sur les noires montagnes qui l'entouraient. Je m'arrêtai pour souffler. Il pouvait être dix heures. J'avais encore dix minutes à monter, c'était le plus rude du chemin.. Je me hâtai, je savais que les fermiers se couchaient de bonne heure comme tous les paysans habitués à se lever avant le jour. J'étais essoufflé et en nage quand je gagnai la porte de la ferme; elle était fermée au cadenas, je frappai en vain. Réveiller des paysans dans leur premier sommeil, c'est la chose impossible. Et puis il y a chez presque tous la pensée qu'un voyageur nocturne ne peut être qu'un malfaiteur, qu'un évènement nocturne ne peut être qu'une fâcheuse affaire dont il est bon de ne pas se mêler, et que l'honnête homme couché dans son lit ne doit pas s'éveiller pour quelqu'un qu'il ne connaît pas ou pour quelque chose qu'il ne sait pas.

J'aurais facilement escaladé la porte si j'eusse été seul, mais je ne voulais pas compromettre Gaston dans cette aventure, et d'ailleurs les chiens, qui aboyaient faiblement et comme pour l'acquit de leur conscience, eussent pu me faire un mauvais parti en me voyant forcer l'entrée.

Le pauvre petit s'était éveillé, et, assis par terre, il attendait avec la patience qui lui était naturelle qu'il plût à la Providence de lui accorder un lit. Il me faisait de la peine, son caractère ou son tempérament rendait si faciles les hasards auxquels je confiais son existence que je lui en étais reconnaissant, et me prenais à l'aimer comme s'il m'eût appartenu.

Au milieu de mes perplexités et voyant qu'au bout d'un bon quart d'heure personne ne venait m'ouvrir, j'eus l'idée de faire le tour des bâtiments pour tenter quelque autre entrée, et, reprenant l'enfant dans mes bras, je longeai les murs jusqu'à ce que j'eusse rencontré une porte basse qui se trouva ouverte à demi. Je la poussai et pénétrai dans une ancienne poterne où donnaient les portes des étables. J'entrai dans celle des vaches, et, voyant au fond une crèche vide avec un tas d'herbes sèches à côté, j'y fis vite un lit provisoire pour Gaston, je l'enveloppai de mon pardessus et de mes foulards, et, désormais tranquille sur son compte, je me disposai à frapper plus près de l'oreille des fermiers, c'est-à-dire à la porte du pavillon qu'ils habitaient.

Mais il fallait braver deux grands chiens de montagne, et ils me firent un si mauvais accueil, que je rentrai vite dans l'étable en leur fermant la porte au nez. J'étais las, je me jetai sur la litière fraîche et je dormis environ deux heures, avec la préoccupation de ne pas être aperçu et pris à première vue pour un voleur. Le jour ne paraissait pas encore, j'essayai inutilement de me rendormir. Je n'étais pas dans une situation à avoir l'esprit bien tranquille, quoique ma conscience ne me reprochât rien, lorsque je pouvais lui donner de bonnes raisons. Dans le sommeil, n'étant plus aux prises qu'avec mon imagination, elle condamnait ma conduite sous forme de rêves extravagants et pénibles. Je me sentais plutôt surexcité que fatigué, et je me mis à repasser dans mon esprit le rôle que j'allais jouer et le thème que je m'étais préparé.

J'étais encore incertain sur un point essentiel. Devais-je me faire reconnaître pour l'homme attaché au comte de Flamarande, ou, déguisé d'accent et de visage, apparaître comme un étranger? Dans le cas où Gaston ne serait jamais accepté par le comte, c'était trahir une partie de son secret que de me donner pour le père d'un enfant né dans sa maison, pour ainsi dire, et, en admettant qu'il dût pardonner, mieux valait laisser croire qu'il s'intéressait jusqu'à un certain point au fils de son fidèle serviteur.

Tout à coup une idée malheureuse, mais que je crus la meilleure, par la raison qu'elle était autre, traversa mes irrésolutions. Le hasard m'amenait à une situation imprévue, ne devais-je pas en profiter ? Je me trouvais là à l'insu de tous ; je pouvais, sans danger pour l'enfant, le laisser trouver par les Michelin, qui viendraient certainement au point du jour aux étables. Il faisait encore nuit ; comme j'étais arrivé et entré sans rencontrer personne, je pouvais me retirer, m'en aller par le chemin de Montesparre, que je connaissais, et ne laisser aucune trace de mon passage, autre que l'enfant, qui ne savait pas mon nom et n'était pas en état de donner le moindre renseignement sur moi et sur lui-même.

XXXI

J'avais à craindre pourtant que les Michelin ne voulussent pas se charger de Gaston tout de suite par pure charité et sans faire de démarches pour le restituer à quelqu'un. Écrire me paraissait dangereux; d'ailleurs, je n'avais rien pour écrire et il faisait nuit. Je m'avisai d'attacher un billet de mille francs au chapeau de Gaston, me réservant de régulariser plus tard ses moyens d'existence. Puis je m'approchai de lui et l'embrassai tendrement sans qu'il se réveillât.

Trois heures après, j'étais en vue de Montesparre. Je prenais une petite diligence qui passait et qui me conduisit à une ville peu éloignée. Je m'y reposai, et, grâce à une autre diligence, je repris la route de Paris, d'où j'écrivis aux Michelin que, par l'ordre de M. le comte, je me rendais chez eux pour régler l'année et aviser aux réparations nécessaires. En même temps, je leur écrivis, avec une écriture bien contrefaite, une autre lettre que je mis à un autre bureau de poste, et qui contenait ces mots :

« L'enfant que vous avez trouvé dans la crèche n'est pas dans la misère. Élevez-le comme un des vôtres et ne faites aucune démarche pour connaître ses parents ; ils veilleront sur lui, et, si vous êtes prudents, si vous n'avez pas et ne faites pas naître d'inutiles curiosités, vous recevrez tous les ans, jusqu'à sa majorité, la même somme que celle que vous avez trouvée sur lui. Moitié de cette somme annuelle vous sera attribuée pour les soins que vous prendrez de lui. L'autre moitié servira à payer son entretien et sa première éducation. On exige qu'elle soit en tout semblable à celle de vos enfants. »

Ces deux lettres expédiées, je me disposai à repartir pour Flamarande. J'eusse préféré n'y pas retourner si tôt ; mais, tout en ayant décidé de n'avoir rien de commun avec l'aventure de la crèche, j'étais impatient de savoir si mon cher petit *Espérance* était bien accueilli et bien soigné.

Je trouvai les Michelin dans la joie. La bru, accouchée depuis quinze jours, revenait de l'église, où elle avait été faire ses relevailles. Je me gardai bien de questionner, et, dès que je vis paraître Gaston endimanché comme les autres, avec des primevères sauvages et des rubans à son chapeau, je demandai si c'était un parent de la famille.

— C'est notre enfant, me répondit Michelin fils, c'est le bon Dieu qui nous l'a envoyé comme par miracle; mais c'est une histoire que je ne confie pas à tout le monde et que je vous dirai comme je la dirais à M. le comte, s'il me demandait la vérité. Je veux qu'il sache ce qui en est, parce que, s'il nous blâmait de garder ce petit, nous nous mettrions à la recherche de ses parents.

— Qu'est-ce que cela peut faire à M. le comte que vous éleviez un enfant de plus ou de moins? Vous êtes le maître dans votre famille, monsieur ne se mêle pas de vos affaires. Il n'est pas sûr qu'il revienne jamais ici. Si vous voulez qu'il ne sache pas ce que c'est que cet enfant, je n'ai pas de raisons pour lui en parler, et, d'ailleurs, vous n'êtes pas obligé de me le dire.

— Je ne vous le dirai pas, monsieur Charles, reprit Michelin, je ne saurais, car l'enfant m'est inconnu; mais voici l'histoire. — « Ma chrétienne de femme, étant sur son terme, priait soir et matin la bonne Vierge de lui donner un garçon, parce que, — nous sommes contents d'avoir des filles, — cependant nous serions encore plus contents d'avoir un homme pour conserver *le nom et le rang* de la famille,... si bien que ma femme avait mis au-dessus de son lit une petite image de la naissance du bon Jésus dans la crèche, et elle avait bon espoir.

» Il y a aujourd'hui quinze jours, elle entra en

mal d'enfant sur les dix heures du soir, et je m'en allai par la porte de derrière chercher la sage-femme. Toute la nuit, on a attendu la délivrance; mais, comme ça ne se décidait pas, j'ai été ouvrir l'étable pour envoyer les bêtes à la pâture, et, devinez ce que je trouve dans la crèche? un petit d'environ quatre ans, beau comme un diamant, fort comme un taureau, couché là comme un agneau dans la litière et dormant comme chez lui. Je m'étonne, je le regarde, je lui parle, il s'éveille, me sourit et m'embrasse.

» — Oh! ma foi, que je dis, celui-là est ce qu'il m'aurait fallu pour être tout à fait content! Le malheur est que je vas trouver par là son père ou sa mère, des passants fatigués qui auront trouvé la porte ouverte et qui dorment aussi quelque part dans mon fourrage.

» Je cherche, j'appelle, je tourne et retourne, je ne trouve rien ni personne. Je reviens à l'enfant, je lui parle, il ne répond pas.

» — Peut-être qu'il est sourd-muet, que je pense.

» Je le regarde encore. Je vois à son chapeau un billet de banque de mille francs.

» — Oh! oh! ça n'est pas un pauvre! Qui diable peut vouloir abandonner un enfant si beau?

» Je le prends, je le porte à la maison. J'arrive juste au moment où ma Suzanne venait de me donner encore une petite.

» — Tout va bien, que je lui dis, voilà un mari pour ta fille. Tu demandais un garçon au bon Dieu, il a mis un petit Jésus dans ma crèche. Si on nous le réclame, voilà de l'argent qu'il faudra rendre. Si on nous le laisse, ma foi ! Dieu nous l'a donné, que sa volonté soit faite ! »

XXXII

Je feignis beaucoup d'étonnement et fis mille questions pour voir comment Michelin y répondrait.

— Si je savais quelque chose, reprit-il, je vous le dirais sous le sceau du secret, car vous êtes homme de bon conseil et vous représentez notre maître; mais je n'ai rien à confier, je ne me doute absolument de rien; personne n'y comprend goutte. On n'a pas vu ici la figure d'un étranger depuis plus de deux mois. J'ai eu l'idée d'aller hors de chez nous pour savoir si on avait vu passer du monde avec un enfant de trois ou quatre ans sur le chemin de *la Violette* ou sur celui de Montesparre; mais, à vous dire la vérité, je ne souhaitais pas beaucoup m'informer. Si j'avais retrouvé les parents, ils eussent repris le petit, et j'avais intérêt et plaisir à le garder. Bien m'en a pris de ne pas être trop curieux, car il y a quatre jours j'ai reçu une lettre que je vas vous faire lire.

Ici, Michelin me montra la lettre que je lui avais écrite, et moi, voulant connaître à fond ses intentions, je lui demandai si la somme promise lui paraissait suffisante pour qu'il se chargeât d'un enfant infirme.

— D'abord, répondit-il, l'enfant n'est ni muet ni sourd. Il parle un langage que nous n'entendons point du tout, mais il commence à gazouiller des mots que nous lui apprenons, et il apprendra peu à peu, car il a de l'esprit. Seulement, il est encore triste et pleure de temps en temps en réclamant sa *mama*. Il a donc une mère, et nous voyons bien, à l'argent qu'elle donne et qu'elle promet, qu'il n'est point abandonné. Nous avons tout intérêt à le rendre heureux et à le garder longtemps, car, dans nos pays, où l'on fait si peu de dépense pour vivre, la pension qu'on annonce est une fortune pour lui et pour nous.

— Si on vous tient parole? Ne craignez-vous pas que le billet de mille francs ne soit tout le bénéfice que vous aurez?

— Il en sera ce que Dieu voudra, monsieur Charles. Si l'argent n'arrive pas, nous ferons notre possible pour découvrir les parents ou les tuteurs, c'est notre devoir ; mais, si nous ne découvrons rien, eh bien, nous sommes des gens à qui, de père en fils, on n'a rien eu à reprocher. Nous garderons l'enfant, nous l'élèverons comme s'il était à nous, et, l'âge venu, s'il est bon sujet, nous l'établirons du mieux que nous pourrons.

Michelin ne se vantait pas, il était homme d'un suprême bon sens, charitable et juste. Ce n'était plus tout à fait un paysan ; son père lui avait fait donner une certaine éducation, il savait lire, écrire et compter passablement. Il avait quelques notions d'histoire et de géographie ; sa moralité m'était bien connue. Il aimait l'argent, mais l'argent bien acquis. J'étais sûr qu'il ferait les choses en conscience. Sa femme était douce et propre. Je ne pouvais rien souhaiter de mieux pour Gaston.

Je demandai comment il s'appelait.

— Il n'a pas su nous le dire, répondit Michelin, car il ne comprend pas nos questions. Nous lui avons donné le nom qui nous est venu.

— Quel nom ?

— Espérance, et c'est peut-être le sien, car il l'a entendu tout de suite.

Je dissimulai un mouvement de surprise. Ce n'était pourtant pas le hasard seul qui, deux fois de suite, baptisait ainsi l'enfant condamné par son père. La sollicitude ou la pitié des autres venait naturellement lui promettre le retour de tous les biens dont on l'avait frustré. Je ne craignais pas que l'enfant me reconnût, puisqu'il ne m'avait vu que déguisé. Je lui parlai donc, mais il me regarda avec une fixité qui m'épouvanta ; puis, sautant sur mes genoux, il se mit à jouer avec les breloques de ma montre, comme il l'avait fait dans le voyage de Paris à Flamarande. Pour un limier de police, c'eût été un indice important ; les paysans qui m'entouraient n'en cherchèrent pas si long, et je pus jouer avec les enfants, car les petites Michelin se mirent de la partie, et ma montre à répétition courut ce jour-là de graves dangers.

Michelin fils avait de l'amitié pour moi. Il me fit une demande à laquelle je ne crus pas devoir me refuser. Sa dernière petite fille n'était pas baptisée encore. On avait compté sur un vieux parent malade qui venait de mourir, et on me priait de le remplacer en devenant le parrain de l'enfant. On fit donc le baptême le lendemain, j'eus pour commère l'aînée des sœurs de l'enfant, grave personne âgée de six ans. On donna en mon honneur le nom de Charlotte à ma filleule.

XXXIII

Au dîner qui suivit la cérémonie, nous eûmes un convive inattendu qui me causa quelque trouble. Ce fut Yvoine ou Ambroise, car on l'appelait de ces deux noms, qui venait acheter le bétail de rebut pour en spéculer, comme c'était son état et son habitude. Quoique fin maquignon, il avait une véritable honnêteté relative. On l'aimait à la ferme, on le recevait avec amitié. Je dus soutenir son regard interrogateur, qui me parut singulièrement pénétrant, et qui n'était peut-être qu'un affaiblissement de la vue dont il voulait avoir raison ; pourtant il chassait encore et lisait les textes les plus fins dans les almanachs. Je lui parlai sans affectation et lui demandai s'il avait des nouvelles de son ancien ami le marquis de Salcède.

— Ma foi, non, répondit-il ; on a dit à Montesparre, l'an dernier, qu'il était mort à l'étranger ; je ne sais pas ce qui en est.

— Vous devriez le regretter. Il vous payait bien et vous employait souvent?

Yvoine ne parut pas entendre; il pensait à la vache que Michelin voulait lui vendre, et il lui parlait avec animation du prix des bêtes à la dernière foire de Salers. Je l'observai attentivement, et, voyant qu'il ne s'intéressait à rien autre chose, qu'il ne faisait même pas attention à Espérance, qu'il eût fort bien pu reconnaître, je me rassurai et m'applaudis d'avoir affaire à des gens si peu observateurs ou si peu curieux.

Un mince accident changea le cours de l'interminable discussion établie entre Michelin et Yvoine à propos de la vache borgne qui faisait l'objet du litige. Une des petites filles rentra en apportant une poule qu'une pierre détachée du donjon venait d'écraser à deux pas d'elle. Suzanne Michelin s'apitoya un peu sur la poule; puis, s'adressant à moi, elle se plaignit du danger continuel que cette ruine faisait courir à ses enfants.

— Les pierres pleuvent de là, me dit-elle, et il y a des endroits où nous n'osons plus aller; mais comment tenir des enfants qui ne font que ce qui leur est défendu?

Michelin appuya le dire de sa femme et me pria d'informer M. le comte.

— Le donjon est bien solide, dit-il, et durera plus longtemps que nous tous. Il n'y a que le couronnement qui s'en va, et, tant qu'il y aura un machicoulis, il y aura du danger pour nous. Ce ne serait pas une grosse dépense d'enlever le tout, et d'y mettre un toit de tuiles ou de chaume.

— Non, dit Yvoine, pour un billet de douze cents francs, je m'en chargerais bien, et on pourrait serrer des récoltes dans ce grand bâtiment qui ne vous sert à rien qu'à tuer vos poules. Voyons, monsieur Charles, il paraît que vous avez pouvoir pour tout faire dans les propriétés de M. le comte, faites marché avec moi, donnez-moi la préférence.

— Vous êtes donc maçon aussi, maître Yvoine ?

— Et charpentier, monsieur Charles ; je suis tout, je m'entends à tout pour gagner ma vie.

— Je ne puis prendre sur moi de porter une dépense de douze cents francs au compte du maître sans l'avoir consulté.

— Moi, dit Michelin, je crois que ni M. le comte ni madame la comtesse ne souffriront qu'on ôte les machicoulis.

— Pour ce qu'ils en font ! dit Yvoine.

— N'importe, reprit le vieux Michelin, mon fils a raison ; les seigneurs d'aujourd'hui ne vivent plus comme ceux d'autrefois, mais ils tiennent à leurs vieux châteaux, et une tour sans machicoulis, ça n'a plus l'air de rien.

— Eh bien, dit Ambroise, ne faisons pas de toit et n'utilisons pas le donjon ; mais réparons-le pour que vous ne viviez plus dans le danger. Avec cinq cents francs, je me charge non pas de remettre ce qui manque, mais de faire tenir ce qui reste. J'ai mon cousin le maçon qui travaillera ça pour le mieux.

Quand Yvoine flairait un marché quelconque, il était ardent et tenace. Il voulut absolument m'engager à faire affaire avec lui et je fus forcé de lui dire que j'en parlerais à M. le comte.

— Laisse donc M. Charles tranquille, lui dit Michelin. Tu es fou de croire que M. le comte voudra dépenser quoi que ce soit pour une ruine où il est venu une fois, et où il ne reviendra sans doute jamais.

— Eh bien, reprit Ambroise avec feu, s'il est indifférent à M. le comte que vous soyez écrasés par les ruines de son manoir, cela vous fait quelque chose à vous autres. Écoutez, père Michelin, chef de la famille, vous n'avez pas l'intention de faire estropier votre monde. Donnez-moi le droit d'habiter le donjon pour le restant de mes jours, et je le répare à mon compte sans qu'il vous en coûte un sou.

— Voilà une drôle d'idée, répondit le vieillard. Tu demeurerais quelque part, toi ?

— Je suis las de vivre sur les chemins et de coucher souvent à la fraîche étoile. Me voilà vieux, sans famille, et je n'en suis pas à demander l'aumône. Laissez-moi demeurer auprès de vous. Je payerai mon loyer en tenant la tour en bon état de réparation, et, pour la nourriture, je vous fournirai plus de gibier que vous n'en pourrez manger.

— Si j'étais le maître, reprit le vieux Michelin, je ne dirais pas non : tu es un bon vieux diable, et tu ne nous gênerais point ; mais je ne sais pas si j'ai le droit de louer un des bâtiments du château.

— M. Charles est là pour vous le dire, repartit maître Yvoine.

— Vous avez parfaitement le droit, dis-je à Michelin, de sous-louer les bâtiments inutiles à votre exploitation, surtout à un honnête homme comme Yvoine.

XXXIV

— Merci, monsieur Charles, dit le maquignon en me regardant de cet air qui lui était particulier, moitié amical, moitié ironique, et que j'interprétais selon l'impression qu'il faisait sur moi.

Cette fois, il me sembla que son regard et l'accent de sa voix signifiaient : « A charge de revanche! »

En ce moment, Espérance, poussé par les autres enfants, qui jouaient bruyamment autour de nous, vint tomber, le corps en avant, sur les genoux d'Yvoine.

— Eh! eh! dit celui-ci en le prenant et l'asseyant sur lui, te voilà, petit voyageur? Je te connais déjà, je t'ai vu à *la Violette !*

— Vous connaissez cet enfant? lui dis-je. Vous êtes plus avancé que tous les gens d'ici. Personne n'a pu me dire qui il est et d'où il vient.

— Je vous le dirai, moi, reprit Yvoine à voix basse, mais dans le pertuis de l'oreille, car les Michelin n'aiment pas qu'on parle de ça et n'iront jamais aux informations, soyez-en sûr.

— Ce serait donc un secret de leur famille?

— Point. Ils ne savent pas d'où sort le petit; mais je gage qu'ils sont bien payés pour en prendre soin, car ils y tiennent et ne le laissent pas courir dans la montagne. Ils ont crainte qu'il ne leur soit volé et que d'autres n'en aient le profit.

J'écoutais d'un air d'indifférence, mais avec des battements de cœur.

— Vous prétendez le connaître? dis-je à Yvoine en lui remplissant son verre.

Il l'avala d'un trait, en homme qui ne craint pas de parler plus qu'il ne veut, et, sans répondre, il regarda Gaston attentivement après lui avoir levé la tête; puis il l'embrassa en couvrant cette petite figure de son épaisse barbe grise, hérissée comme le dos d'un sanglier en colère.

— Il est gentil, pas vrai? me dit-il en se retournant vers moi avec son air moitié bienveillant, moitié malicieux.

— Très-gentil, répondis-je, et... vous le connaissez?

— Je le connais, comme vous le connaissez vous-même.

— Moi? mais je ne le connais pas!

— Eh bien, regardez-le, et vous le connaîtrez. Ça d'abord... ces mains-là, et ces petits pieds, ça n'est pas de notre race, à nous autres, c'est de la race du Midi, c'est le soleil du Midi qui a rougi le cou et les oreilles. Notre soleil, à nous, mord bien quand il s'y met ; seulement, il ne dore pas, il noircit. Et puis voyez les yeux de ce petit-là ! Ça n'est pas les yeux d'un paysan, ça ne s'étonne de rien et ça a l'air de penser au-dessus de son âge. C'est le fils d'un monsieur très comme il faut, qu'au premier moment j'ai pris pour vous, monsieur Charles.

— Pour moi, Yvoine ?

— Pour vous. Et demandez-moi pourquoi, je n'en sais rien. Il ne vous ressemblait pas plus que je ne vous ressemble. Je ne sais pas du tout pourquoi j'ai pensé à vous en le voyant, et puis j'ai vu que ce n'était ni votre âge ni votre manière de parler.

— Comment donc était-il, ce monsieur si *comme il faut ?*

— Ah ! oui-dà, non ! je ne vous le ferai pas connaître. Je suis l'ami des Michelin, et me voilà de leur secret par conséquent.

— Mais vous savez d'où il venait ?

— Il venait d'Aurillac, voilà tout ce que j'en sais, et je le saurai quand je voudrai.

— En vérité ? vous êtes un habile homme !

— Pas plus que vous ; mais je roule comme un vieux caillou sur les chemins, et je tâche de comprendre ce que je vois.

— Vous avez voyagé, puisque vous connaissez le soleil du Midi ?

— J'ai été soldat, j'ai fait des campagnes en Afrique. Revenu au pays, j'ai exercé trente-six métiers, au loin et auprès.

— Vous savez peut-être le patois ou la langue que parle cet enfant ? Essayez donc de le faire causer.

— J'ai essayé, je n'y ai rien compris ; puis je le comprendrais que je n'en dirais rien.

— Pourquoi, Yvoine ?

— Parce que je ne suis pas bavard, voilà tout. Mais la nuit vient, et Michelin m'attend pour me montrer sa vache borgne. Au revoir, et votre serviteur, monsieur Charles.

Il se leva en emportant Espérance sur son épaule, et il me laissa en proie à de graves perplexités. Était-ce là un homme capable de pénétrer un secret comme celui de M. de Flamarande, et dont il fallait acheter le silence en lui faisant quelque feinte ouverture ? C'était beaucoup risquer avec un paysan qui était peut-être plus facétieux que malin.

XXXV

Je partis sans l'avoir revu, et je me rendis de nouveau à Paris, où M. le comte, devant revenir passer l'hiver avec sa famille, m'avait dit de l'attendre tout en m'occupant des réparations à faire à son hôtel. Il tenait beaucoup, en quittant l'Italie, à ne pas habiter une maison froide, et le système de chauffage à l'hôtel était à changer entièrement. Cela dura plus que je n'eusse souhaité, et je ne pus écrire que tout était prêt et fonctionnait bien avant la fin de décembre.

A ce moment, désireux de reconnaître l'hospitalité des Michelin et d'avoir des nouvelles de mon petit Espérance, je fis emplette de divers cadeaux pour la famille et les expédiai francs de port à Flamarande. Tout en faisant la plus belle part à ma petite commère, je n'avais pas oublié l'enfant de la crèche, et j'attendais avec impatience un accusé de réception, lorsque je reçus une lettre d'une bonne écriture et d'une orthographe passable signée Ambroise. Yvoine se trouvant à la ferme à la réception de mon envoi, il avait été chargé de m'écrire au nom de la famille et de me remercier. La maison était très-préoccupée de la mort récente du vieux fermier, qui était fort aimé et fort regretté des siens. Les enfants se portaient bien, ma filleule était superbe, ma commère florissante, et le petit Espérance commençait à rire et à jaser en français. « C'est un enfant charmant, disait Yvoine, et tout le monde l'aime beaucoup. Il paraît avoir oublié son pays et ses parents, car il n'est plus triste et ne pleure jamais. »

J'expédiai aussitôt à Yvoine une belle pipe montée en argent, et je lui écrivis pour le remercier de sa lettre. Je le priais de me donner souvent des nouvelles de ma filleule et de la famille, sans oublier le petit étranger. Involontairement je traitais Yvoine en ami. Je sentais en lui un aide ou un adversaire, et, sans me rendre compte de ce que je pouvais avoir à craindre, je songeais à lui avec une préoccupation vague mais constante.

M. le comte arriva le 10 janvier, avec madame et le petit Roger, que je n'avais pas vu depuis six mois et qui devenait merveilleusement beau, moins beau pourtant, à mon sens, que Gaston. Ces deux enfants ne se ressemblaient sous aucun rapport. Roger était blond, il avait les traits purs et l'air de douceur de sa mère. Gaston ne ressemblait qu'à lui-même. Il était brun, et appartenait aussi bien au type de M. de Flamarande qu'à celui du marquis de Salcède. Ses traits étaient moins réguliers que ceux de Roger, mais il avait des yeux et un regard que je n'ai vus qu'à lui.

M. le comte était guéri, et ses intérêts exigeaient son retour en France. Comme madame regrettait 'Italie, il lui promettait d'y garder un pied-à-terre afin de l'y conduire aussi souvent que possible. Ce n'est pas que la comtesse montrât de la répugnance à revoir Paris et le monde, mais elle craignait que son fils ne fût éprouvé par ce changement de climat. Il ne le fut pas sérieusement. Pourtant elle demanda à son mari et obtint la permission de vivre très-sédentaire et de ne voir ses amis que le soir, chez elle; elle n'était heureuse et gaie qu'avec son fils, le reste ne l'intéressait pas. Aucune coquetterie; ses belles robes et ses splendides joyaux voyaient rarement le jour. Elle recevait le jeudi dans l'après-midi, et, ce jour-là, on retenait les intimes pour dîner. Le dimanche, on faisait des invitations, et les salons étaient ouverts le soir. Le reste du temps, madame sortait pour promener Roger ou jouait avec lui dans ses appartements. Quand il dormait, elle étudiait les différentes méthodes pour sa première éducation. M. le comte faisait quelques visites, montait à cheval, ou s'enfermait avec moi dans son cabinet pour lire des livres nouveaux et les journaux.

Ainsi, malgré la brillante fortune et la grande existence de M. le comte, nous avions des occupations tranquilles et sérieuses. J'étais trop dans les affaires de M. le comte pour ne pas savoir qu'il avait beaucoup entamé son capital avant son mariage, et qu'il ne se trouverait au pair de son revenu qu'en vendant une de ses terres. Il en était question, et je le voyais avec chagrin s'obstiner à garder Sévines, qui était triste par lui-même et ne pouvait rappeler à madame que des souvenirs douloureux. Lorsque je le pressais de prendre un parti plutôt que de payer des intérêts en pure perte, il alléguait que sa dépense n'était pas considérable.

—Madame de Flamarande a une grande qualité, me dit-il un jour; elle n'est pas mondaine, elle n'a pas la passion des bijoux et des chiffons. Je ne connais pas de femme dans sa position qui dépense moins. Quand je l'ai épousée, on a dit qu'elle me ruinerait, et on s'est grandement trompé.

Je saisis avec empressement cette occasion de faire l'éloge de madame Rolande, et le fis avec une vivacité qui frappa M. le comte.

— Dieu me pardonne, Charles, dit-il avec son rire le plus lugubre, vous vous montez la tête! Moi qui vous croyais si calme!

J'étais monté en effet. Je donnai un libre cours à mon effusion.

— Non, monsieur le comte, m'écriai-je, je ne suis plus calme; vous avez tué mon repos, vous avez à jamais troublé mon sommeil. Oh! vous pouvez bien me regarder avec votre œil terrible, vous pouvez lire jusqu'au fond de mon cœur, vous n'y trouverez qu'un amer chagrin, celui que je me flattais de ne jamais connaître, le remords d'une faute.

— Pourquoi ne pas dire un crime? reprit M. le comte avec ironie.

— Je ne dirai pas un crime, répondis-je avec feu; je dirai le mot vrai, une lâcheté! Oui, vous m'avez fait commettre une lâcheté! Je vous suis si dévoué que, si vous m'eussiez ordonné d'aller étrangler M. de Salcède, je n'aurais pas reculé. J'aurais pu m'en repentir, mais non pas en rougir comme de ce que j'ai fait, car j'ai fait la guerre à une femme et à un enfant, à deux êtres hors d'état d'offrir la moindre résistance. Une femme en couches et un enfant né de la veille, le bel exploit vraiment! Oh! oui, j'en rougis, et ne recouvrerai jamais l'estime de moi-même.

Le comte de Flamarande était devenu très-pâle à mes premières paroles. Certes, il avait eu envie de me jeter par la fenêtre; mais on ne se brouille pas avec son unique confident. Il se contint et me parla avec douceur.

— Vous êtes très-exalté, mon pauvre Charles, me dit-il. Ce n'est pas un tort que d'avoir une conscience timorée; cependant, c'est un danger lorsqu'on ne raisonne pas mieux que vous ne faites.

Il essaya de me prouver par beaucoup de sophismes que j'avais été le ministre d'une punition méritée, et je fus entraîné à lui dire que je croyais cette punition injuste, que je regardais sa femme comme la victime la plus pure et la plus intéressante.

— Ce que c'est que la beauté ! reprit-il en ricanant. Il faut donc que les esprits les plus droits et les caractères les plus purs subissent son prestige! Je ne vous le reproche pas, Charles ; je l'ai subi aussi, je le subis peut-être encore, puisque je pardonne.

—Non, m'écriai-je, vous ne pardonnez pas! Votre dépit est assouvi, voilà tout. Vous lui ôtez son fils et vous osez dire : « J'ai pardonné ! »

— Son fils, elle l'a oublié. Elle en a un autre, elle a le mien ; elle aurait tort de se plaindre. Vous ne m'avez pas dit où est l'autre Qu'en avez-vous fait?

— Vous m'aviez défendu de vous en parler, vous ne vouliez plus entendre prononcer son nom. Tenez-vous maintenant à savoir où il est ?

— J'aime mieux l'ignorer, ne me le dites pas.

Et, au bout d'un instant, ayant réfléchi, il reprit :

— Si fait, je dois le savoir.

— Il est chez vous, monsieur le comte.

— Comment, chez moi ? ici?

— Il est chez vous, à Flamarande.

— Quelle idée ! On l'y découvrira. Sous quel nom est-il là ?

— Sous aucun nom.

Et je ne pus me défendre de lui raconter, avec un certain orgueil assez sot, comment, aidé par les circonstances, j'avais réussi à faire adopter Gaston par les Michelin sans rien révéler sur son compte.

Il admira mon habileté, me fit de grands compliments et me congédia en me laissant un vague espoir, car il eut l'air sinon d'approuver, du moins de trouver ingénieuse ma combinaison en vue de faciliter l'explication qu'il aurait à donner, s'il lui arrivait de rendre l'enfant à sa mère ; mais ce fut en vain que je le tourmentai maintes fois à cet égard. Il fut inébranlable, et je dus renoncer à le fléchir. Je tombai alors dans une grande tristesse, et ma santé en fut souvent altérée ; je ne pouvais plus soutenir la présence de madame la comtesse, quand elle entrait d'un côté, je sortais de l'autre ; je n'osais pas regarder et caresser Roger, que j'aimais pourtant avec tendresse ; je ne pouvais voir cette enfance si heureuse et si choyée sans me représenter mon pauvre petit Gaston gardant les vaches et marchant pieds nus sur les rochers. Quand madame conduisait Roger chez Susse ou chez Giroux, le mettant à même de choisir les plus beaux jouets, et qu'elle rentrait avec sa voiture pleine de ces objets coûteux et fragiles dont l'enfant s'amusait une heure pour les mettre en pièces, je songeais à Gaston jouant avec les pommes de pin de la forêt ou les cailloux roulés du torrent. En était-il plus malheureux ? Non certes, au contraire, peut-être ; mais les caresses d'une mère, la protection et la sollicitude de tous les instants, ce regard extatique attaché sur lui lorsqu'il s'endormait, ce sourire d'adoration à son réveil, cette prévision de son moindre désir, voilà ce qu'il n'avait pas, ce qu'il n'aurait jamais, et je me surprenais à parler tout haut dans ma chambre et à dire en pleurant presque :

— Toi, mon pauvre cher enfant, tu m'auras, je le jure ! tu m'auras pour t'aimer et pour veiller sur toi.

Le printemps arrivé, M. le comte annonça qu'il vendrait Sévines. Je pensais que madame en serait contente, car il parlait de l'envoyer sous mon escorte à sa villa de Pérouse, tandis qu'il irait s'occuper de la vente de sa terre. Madame lui témoigna le désir de ne pas le quitter, elle ne répugnait pas à revoir Sévines.

— J'aime mieux cela, répondit le comte.

Et, à moi, il me dit quand nous fûmes seuls :

— Je ne m'attendais pas à cette résignation, car je sais qu'elle a gardé de Sévines un souvenir affreux. Elle est vraiment la douceur même ; c'est un tempérament sans énergie, et, si les douleurs sont vives chez elle, elles ne sont pas profondes.

— Monsieur le comte a réussi, repris-je, à lui tenir secret le genre de mort attribué à l'enfant : ne craint-il pas qu'elle ne l'apprenne quand elle se retrouvera sur le théâtre de l'événement ?

— Si elle doit l'apprendre un jour, mieux vaut qu'elle l'apprenne à Sévines qu'ailleurs ; ce sera une affaire enterrée, et elle n'aura plus la préoccupation de la fluxion de poitrine pour Roger.

Le premier soin de madame dès qu'elle fut installée à Sévines fut de demander à pénétrer dans le caveau de famille pour y voir la tombe de son premier-né.

— Je ne savais pas si M. le comte avait prévu la nécessité de cette tombe, et je fus fort troublé quand madame me fit demander les clefs. Je courus dire mon embarras au comte, qui se leva tranquillement et se rendit chez elle. Julie m'a raconté leur conversation.

— Il faut, dit-il à sa femme avec assez de douceur, que vous me fassiez la promesse de renoncer à voir cette tombe. Votre santé est nécessaire à votre fils, et vous devez refouler et fuir les émotions qui l'ont si sérieusement compromise.

Madame répondit qu'elle aurait le courage nécessaire ; elle le jura, mais elle insista avec une obstination tout à fait inusitée. M. le comte y mit beaucoup de patience, et, comme il ne gagnait rien sur elle, il sentit qu'il allait s'emporter et se leva en lui disant :

— Je voulais vous épargner une douleur nou

velle, mais, puisque vous la cherchez, il faudra bien que votre blessure soit rouverte ; seulement, je ne m'en charge pas. Demandez à Julie pourquoi votre fils n'est pas dans le caveau de la famille, je l'autorise à vous le dire, puisque vous m'y forcez.

XXXVI

Julie, restée seule avec madame, eut à subir ses questions, et, avec tous les ménagements dont elle se sentit capable, elle apprit à sa maîtresse que la nourrice et l'enfant avaient disparu sans que l'on pût retrouver leur trace.

— Quoi ? disparu ! s'écria la pauvre mère affolée, mon fils a été enlevé ? Pourquoi ? comment ? par qui ?

Et, tombant dans les bras de Julie :

— Dites, ma chère, s'écria-t-elle encore, mon fils disparu, on ne sait pas ce qu'il est devenu ? il existe peut-être encore ?

Julie m'a avoué qu'elle fut si émue des caresses de sa maîtresse qu'elle lui donna un espoir qu'elle n'avait pas elle-même.

— Ce qu'il y a de certain, lui dit-elle, c'est que l'enfant n'a pas été malade et qu'il a disparu le surlendemain de sa naissance On a cherché partout et on n'a rien pu découvrir.

En ce moment, M. le comte rentra pour savoir si Julie avait fait la triste révélation dont il l'avait chargée. Au lieu de trouver madame dans les pleurs, il la trouva dans une joie relative. Elle était comme folle, elle voulait partir sans savoir où elle voulait aller, elle prétendait qu'on n'avait pas bien cherché et qu'elle était bien sûre, elle, de trouver son enfant. Monsieur marqua de l'impatience, gronda Julie d'avoir sottement expliqué le fait, et se chargea de l'expliquer lui-même.

— La nourrice s'est noyée avec l'enfant, dit-il, on n'a retrouvé d'eux qu'un bonnet et un châle.

Madame resta pâle et fixe comme une statue. En un instant, elle se représenta la fin tragique de son pauvre petit enfant, et alors elle fit le geste de s'élancer les bras en avant, comme pour le ressaisir; mais elle tomba la face sur le plancher et resta évanouie.

Quand elle revint à elle, elle eut la fièvre et le délire. Le docteur fut appelé, et, apprenant ce qui s'était passé, il exigea que l'on ne combattît pas trop les chimériques espérances de la mère. Madame fut très-malade pendant deux semaines, et je ne la trouvai pas guérie quand je la vis reparaître. Elle n'était pas affaiblie comme on devait s'y attendre; elle avait au contraire une agitation fébrile qu'on ne lui connaissait pas, elle était active, résolue et insoumise, elle parlait de son fils, elle questionnait tout le monde, elle voulait savoir le moindre détail de la catastrophe. Évidemment elle ne voulait pas croire à sa mort, bien qu'elle n'osât dire ses espérances dans la crainte de les entendre traiter d'illusions.

Je vis, en cette circonstance, combien la trame la mieux ourdie remplace imparfaitement le fait réel. Madame questionnait tous ceux qu'elle rencontrait, le moindre ouvrier, les pêcheurs du rivage, les paysans, qu'elle les connût ou non. Elle se promenait tous les jours à pied ou en voiture le long de cette Loire inexorable à laquelle elle redemandait en vain son enfant. Elle entrait dans toutes les maisons et dans les plus humbles chaumières pour demander des détails. Il y avait eu peu de personnes noyées à l'époque qu'elle indiquait; mais il y en avait eu, des femmes et des enfants particulièrement, comme toujours. On avait pu constater les décès en retrouvant les cadavres, et nulle part on n'avait pu saisir le moindre indice de celui qu'elle cherchait.

Alors madame disait:

— Est-ce que vous croyez possible qu'une rivière engloutisse une femme et un enfant au point qu'on ne les retrouve jamais?

Et les paysans riverains lui répondaient qu'ils ne le croyaient pas, la Loire roulant sur des bancs de sable qui reparaissaient à fleur d'eau durant l'été. On n'y connaissait pas de gouffres ni de tourbillons de ce côté-là. Et madame rentrait pour interroger les gens de la maison ou le docteur, qui venait tous les jours. Elle voulait savoir si on avait pris des informations le long du fleuve jusqu'à la mer, elle voulait entreprendre cette exploration, et, si monsieur ne s'y fût opposé, elle serait partie tout de suite.

Il arriva alors une chose assez bizarre et bien imprévue : c'est que la population environnante, au lieu de croire la comtesse folle ou de la trouver seulement déraisonnable, se prit à partager ses illusions et à dire tout haut que rien ne prouvait la mort, tandis qu'il y avait des probabilités pour l'enlèvement. Le paysan aime le merveilleux, et bien des gentilshommes partagent ses superstitions. On parla de nourrices voleuses d'enfants qui spéculaient plus tard sur leur restitution. On parla aussi de bohémiens, et on réveilla même de vieilles légendes sur des esprits funestes qui sortaient du fleuve dans les inondations et allaient chercher des enfants jusque dans leur berceau pour les porter dans la demeure d'autres familles, procédant ainsi à des échanges fantastiques, suivis de grands malheurs.

Les imaginations, une fois éveillées par l'intérêt qu'inspirait la comtesse de Flamarande et les espérances où elle s'obstinait, ne connurent plus de frein. Une vieille femme prétendit avoir vu une forme blanche traverser la Loire furieuse en marchant tranquillement sur les eaux avec un petit

enfant dans les bras, comme on représente la sainte
Vierge. D'abord elle avait cru à un miracle; mais,
en y réfléchissant, elle croyait se souvenir d'avoir
trouvé une ressemblance entre la silhouette de cette
apparition et la tournure de la Niçoise. D'autres se
mirent à raconter leurs rêves, et madame, tournant
aussi à la superstition, alla consulter une somnambule à Orléans.

Il se passa une chose bien extraordinaire dont il
me fut rendu compte, et qui renouvela mes perplexités.

La somnambule dit à madame qu'elle voyait un
enfant mort depuis trois jours, couché dans
l'herbe pourrie d'un étang qu'elle ne sut pas
nommer, et qu'elle décrivit de la façon la plus
vague. Madame ne put rien lui faire préciser, et le
magnétiseur demanda à la somnambule si l'enfant
était bien mort depuis trois jours, et si ce n'était
pas trois ans qu'elle avait voulu dire, à quoi elle
répondit qu'elle ne voyait plus rien et n'était pas
bien lucide ce jour-là.

— Il lui faudrait, reprit l'opérateur en s'adressant
à la comtesse, pouvoir toucher un objet ayant appartenu à l'enfant, un bonnet, une mèche de cheveux.

La comtesse tira de son sein le petit bonnet retrouvé dans le parc, pauvre relique qu'elle s'était
fait donner et qu'elle ne quittait plus. Alors la
somnambule parut retrouver sa lucidité.

— Je vois, s'écria-t-elle. Il n'a pas été pris par les

eaux. Il a été emporté par un homme, un homme bien mis. — Ah ! je vois une voiture, et un autre homme qui emmène l'enfant et qui roule vite, vite ; le cheval tombe, il est mort ; mais l'enfant est emmené plus loin, toujours plus loin, cela se perd, je ne peux plus les suivre, je ne vois plus rien ; je souffre, j'étouffe, je veux qu'on me laisse dormir ou qu'on m'éveille.

On n'en put tirer davantage ; mais madame, se promettant de renouveler l'épreuve, rentra comme affolée de joie. Elle s'était fait accompagner de Julie, par qui je connus exactement ce qui s'était passé. Madame avait tout noté avec soin, même l'incident du cheval mort, et à plusieurs reprises elle demanda à Julie si un des chevaux de la maison avait disparu également dans la nuit fatale. Julie, embarrassée et ne se souvenant pas, prit sur elle de m'appeler.

— Charles, me dit la comtesse, combien y avait-il de chevaux dans les écuries avant le jour de mon malheur, et combien en restait-il le lendemain ?

Je répondis que je n'en savais rien, puisque j'étais absent au moment de la catastrophe.

— Eh bien, reprit-elle, envoyez-moi Joseph, il le saura bien.

Et puis, se ravisant :

— Attendez, dit-elle, il y en avait un très-beau, le plus beau de tous, qui s'appelait Zamore ; je m'en souviens parce que j'en avais peur. Je ne

10.

crois pas l'avoir revu depuis l'événement, et il n'est plus ici : qu'est-il devenu ?

Je sentis mes jambes trembler sous moi et ne pus répondre.

— Parlez donc, monsieur Charles ! s'écria Julie ; c'est vous qui avez fait sortir Zamore pour la dernière fois. Joseph s'en est assez tourmenté, puisqu'on ne l'a jamais revu.

— Charles ! s'écria à son tour madame la comtesse, vous ne voulez pas le dire, et pourtant vous le savez. Ce cheval est tombé mort en enlevant mon fils ! Vous devenez tout pâle. Ah ! Charles, vous savez tout !

Et, s'élançant vers moi, elle me saisit les deux mains ; puis, sans que je pusse l'en empêcher, elle tomba à mes genoux.

— Charles, vous êtes un honnête homme, vous, un cœur excellent. J'ai su vous apprécier, vous n'êtes pas un domestique, vous êtes l'ami de la famille ; vous me voyez à vos pieds, comme vous me verriez à ceux du docteur, s'il pouvait me dire la vérité. Vous me la direz ; vous êtes bon, vous comprenez ma souffrance, vous aurez pitié de moi... Charles, répondez-moi, mon bon Charles, mon ami !...

Et je sentais ses larmes chaudes tomber sur mes mains, qu'elle retenait dans les siennes.

Je me sentais défaillir, j'étais vaincu. J'allais tout avouer lorsque M. le comte entra brusquement, et, voyant sa femme à mes pieds, il fut saisi d'un accès de colère tel que je ne lui en avais jamais vu auparavant.

— Qu'est-ce que cela signifie ? s'écria-t-il en bégayant ; que faites-vous aux pieds de ce laquais?

— Il n'est point un laquais, répondit madame en se relevant, il est notre serviteur dévoué.

Et elle expliqua rapidement les faits en insistant pour savoir ce que Zamore était devenu.

Pour que M. le comte pût soutenir ses artifices, il eût fallu qu'il daignât mentir, et, quelque habile qu'il fût à cacher la vérité, il ne pouvait plier sa fierté au mensonge. On pourrait même dire que toute son habileté consistait à produire des faits et à avoir l'air de les subir sans être en situation de les expliquer. Acculé cette fois, il trouva plus facile de s'emporter que de répondre. Il déclara à sa femme qu'elle devenait folle, puisque, au lieu de subir son chagrin avec la dignité dont il l'avait crue capable, elle courait les chemins pour interroger les passants ou consulter les charlatans. Il railla amèrement les épreuves de somnambulisme, il l'accusa de négliger son fils vivant pour courir après un fantôme, enfin il lui ordonna de se tenir prête à partir le lendemain pour l'Italie. Il n'entendait pas qu'elle donnât dans le pays de Sévines le triste spectacle de sa démence.

— Mon Dieu ! lui répondit la comtesse atterrée, c'est vous qui me blâmez de vouloir retrouver notre enfant !

— *Votre enfant*, répondit le comte, a été cherché minutieusement et ne sera jamais retrouvé ; soumettez-vous à la volonté de Dieu.

Et, sentant qu'un mot de plus de la comtesse allait le faire éclater, il se retira en m'ordonnant de le suivre.

Je trouvais qu'il avait terriblement accentué les mots *votre enfant*, et que sa physionomie avait révélé sa jalousie avec une amertume effrayante. Madame en avait-elle été frappée comme moi ? Julie, qui était fine, n'avait-elle pas dû pressentir la vérité ?

— Vous vous êtes trahi, dis-je à monsieur quand nous fûmes dans son cabinet.

— Qu'importe ? répondit-il en brisant son magnifique encrier en porcelaine de Sèvres : n'est-il pas temps qu'elle comprenne que je ne suis pas un niais et qu'elle me délivre de cette persécution ? Elle est aussi par trop simple ou par trop audacieuse ! Qu'elle sache donc que je suis son juge et sente que je suis son maître !

— Songez, monsieur le comte, que, le jour où elle saura vos soupçons, elle ne doutera plus de l'existence de son enfant et arrivera à le découvrir.

— J'y mettrai bon ordre, elle partira demain pour Pérouse.

— Elle est encore malade. Julie l'entend parler et sangloter la nuit ; elle a certainement la fièvre.

— Morte ou vivante, elle partira demain et elle

partira seule. Je garde Roger, je ne veux pas qu'il entende et qu'il voie ces aberrations.

— Monsieur le comte, vous êtes assez vengé, vous l'avez dit ! Ne recommencez pas ! Allez trouver madame et apprenez-lui tout. Elle se justifiera, j'en suis certain.

— Charles ! vous voulez me trahir, vous êtes tout à madame, vous n'êtes plus à moi. Il faut nous séparer, votre mission est accomplie, votre aisance assurée, adieu !

J'aurais dû accepter la rupture, je ne pus m'y résoudre. J'aimais les deux époux, j'aimais les deux enfants. Je n'avais plus d'autres affections sur la terre. J'étais déjà comme les vieux domestiques qui se sentent de la famille et n'en veulent point d'autre. Je refusai mon congé, je refusai ma fortune et ma liberté. Je promis d'obéir à mon maître et de ne plus me laisser attendrir.

Mais je crus devoir préserver madame d'une douleur nouvelle. J'allai la trouver et je lui parlai ainsi :

— M. le comte est fort affecté de la situation d'esprit de madame ; il craint que M. Roger n'en ressente le contre-coup et paraît décidé à faire partir madame sans son fils. Au nom de mon respect et de mon dévouement pour madame, je la supplie de renoncer à l'espoir de retrouver Gaston, afin d'éviter la douleur d'être séparée de Roger.

XXXVII

Madame la comtesse trembla de la tête aux pieds, comme un peuplier saisi par l'ouragan ; puis, faisant un grand effort pour parler :

— Merci, Charles, me répondit-elle. Je vois votre amitié pour moi, je vous remercie. Je me soumettrai à tout pour l'amour de Roger. Dites-le à M. le comte, et priez-le de ne pas me tuer.

— Madame, repris-je, ferait mieux d'aller elle-même lui dire ce qu'elle compte faire.

— J'irai ! reprit-elle avec une résolution soudaine. Je ne veux plus avoir peur de lui.

— Allez-y tout de suite ; ne laissez pas à monsieur le temps de prendre une de ces résolutions sur lesquelles il ne revient pas.

— J'y vais ! Merci encore, Charles ; j'ai foi en vous. Je sens que vous êtes mon ami !

Et la pauvre femme se traîna chez son juge. J'espérais une explication complète ; si violente qu'elle pût être, elle me semblait préférable à la muette dissimulation qui allait s'établir entre eux ; mais madame, soit qu'elle n'eût pas du tout compris son mari, soit qu'elle l'eût trop compris, se renferma dans la promesse de ne plus agir en quoi que ce soit contrairement à ses intentions.

— A ce prix, lui répondit le comte en lui ouvrant la porte, — ce qui me permit d'entendre la fin de leur entretien, — je vous laisserai emmener Roger. Soyez sûre que le soin de votre bonheur et de votre santé me préoccupe, et que vous agirez contre vos propres intérêts toutes les fois que vous essayerez de soustraire vos actions et vos projets à mon approbation.

La pauvre madame jura qu'elle ne le ferait plus et se prépara au départ. Monsieur m'avait désigné pour l'accompagner, mais je le suppliai de m'en dispenser. Je ne pouvais pas croire que madame renoncerait à m'interroger, et je ne me sentais plus la force de me taire. Je n'avouai pas à quel point la confiance suppliante de cette femme infortunée m'avait troublé. Monsieur le devina peut-être ; il me garda près de lui. Joseph fut désigné pour accompagner madame. On devait vendre tous les chevaux de Sévines.

La vente de la terre marcha avec rapidité. Autant monsieur avait montré d'hésitation à s'en défaire, autant il avait hâte maintenant de se dérober aux questions et aux insinuations de toute sorte dont il se voyait l'objet. Les recherches désespérées de la comtesse, après avoir agi sur l'imagination des paysans, faisaient leur effet plus haut et donnaient lieu à des commentaires différents chez les voisins plus ou moins proches de M. le comte. Les personnes qui ne l'aimaient pas, et il y en avait malheureusement beaucoup, le tenaient pour bizarre et disaient que, si madame de Flamarande était folle comme il le donnait à entendre, elle était encore la plus sage des deux. Ces personnes hostiles le disaient capable de tout. On s'accordait à penser qu'il avait fort bien pu enlever l'enfant à sa mère pour essayer sur lui un système d'éducation conforme à son esprit paradoxal. Enfin la mort de Gaston, acceptée tout d'abord comme un malheur fortuit, était révoquée en doute. Julie avait été volontiers expansive avec des gens moins discrets que moi. Elle avait partagé les espérances de sa maîtresse après les avoir fait naître pour la consoler. Elle avait avoué que M. le comte lui avait toujours fait peur, elle avait insisté sur la disparition de Zamore, cheval de trente mille francs, disait-elle, que Joseph avait cru vendu par moi, selon les ordres de son maître, mais que personne du pays n'avait ni acheté ni revu.

M. le comte, ennuyé de l'air dont on le questionnait, brusqua la vente et le déménagement. Le premier souci fut pour lui la translation des tombes de ses parents, qu'il n'osait transporter en Normandie, et que tout à coup il se décida à envoyer à Flamarande.

— Je puis vendre Ménouville, me dit-il quand sa résolution fut prise, et je ne vendrai jamais ce pauvre rocher de Flamarande, qui n'a de valeur que pour moi-même. Mes reliques de famille seront là bien tranquilles. Allez-y, Charles ; restaurez la petite chapelle au pied du donjon. J'enverrai les cercueils et les tombes. Vous les ferez installer. Trouvez-moi un homme sûr avec une voiture couverte et des chevaux forts.

J'acceptai cette commission, qui, sans me séparer pour toujours de mon maître, m'assurait deux ou trois mois de liberté. J'en avais besoin ; je me sentais devenir très-malade. Le séjour de Sévines m'était odieux. M. le comte devait y rester le temps nécessaire pour conclure le marché ; après quoi, il irait rejoindre madame et Roger, il passerait l'été avec eux au lac de Trasimène ; nous devions nous réunir tous à Paris au milieu de l'automne.

XXXVIII.

Je me re d s donc à Flamarande, impatient de revoir mon petit Espérance et de me reposer des émotions qui m'avaient bouleversé. La plus terrible avait été certainement de me trouver aux prises avec les questions et les prières de madame de Flamarande. Cette tendre mère, dont j'avais causé le désespoir et qui, au lieu de me maudire, me pressait les mains et m'appelait son ami, était toujours devant moi. En vain, durant près de quatre années, j'avais évité d'être sous ses yeux ; en vain j'avais arrangé mes occupations avec un art infini pour qu'elle n'eût pas l'occasion de remarquer mon existence : le moment était venu où il avait fallu être quelque chose dans sa vie et devenir quelqu'un pour elle. Durant quatre années, sa première question s'était présentée à moi comme une terreur, maintenant le souvenir de cette scène me devenait un supplice. J'en rêvais toutes les nuits, je sentais mon cœur se briser avec celui que j'avais si cruellement déchiré. Il me venait des inquiétudes affreuses. Peut-être était-elle gravement malade, peut-être devenait-elle folle ; peut-être Roger, abandonné aux autres domestiques, avait-il besoin de moi. Pourquoi leur avais-je lâchement retiré le concours de mon dévouement ?

J'étais dans la plus noire disposition d'esprit en faisant usage de ma liberté. La vue d'Espérance me ranima. Il avait grandi beaucoup, et sa beauté attirait tous les regards. J'avais voulu surprendre mon monde pour m'assurer qu'il était bien portant et bien soigné. Je le trouvai propre et sain, sachant à peu près se faire entendre en français et en patois du pays, ayant oublié ses Alpes et sa nourrice, ne connaissant plus d'autre famille que celle de Michelin, d'autre pays que son rocher de Flamarande, et accepté par les habitants d'alentour comme un petit ours trouvé dans une crèche et apprivoisé comme un agneau.

Il était donc enseveli à jamais, l'enfant du doute et de la colère ! Plus jamais celui que la loi lui donnait pour père ne consentirait à le voir et à l'accueillir. La mère ne baiserait jamais ses beaux yeux noirs ; son charmant frère ne jouerait jamais avec lui. C'était là mon succès, à moi, mon œuvre de dévouement et d'habileté. Ah ! si les personnes qui avaient sujet de se méfier de moi et de me maudire eussent pu se douter de ce qui se passait en mon esprit, c'est à moi justement qu'elles eussent donné leur confiance et leur amitié ; mais les mauvaises actions portent leur châtiment avec elles. On ne serait pas assez puni, si, ayant fait le mal, on pouvait le réparer.

J'étais à Flamarande depuis quinze jours quand Michelin m'éveilla en m'annonçant que les *colis* expédiés par le roulage à mon adresse venaient d'arriver. Ces colis n'étaient autre chose que les cercueils de métal scellés qui contenaient les restes du vieux comte de Flamarande et de sa digne épouse. La même voiture portait les pierres tumulaires en marbre blanc et noir que je devais faire établir dans la chapelle, déjà convenablement réparée.

Je me levai à la hâte. Déjà on déchargeait ces objets vénérables dans la chapelle même. Tous les hommes du village, jaloux de témoigner leur affectueuse déférence à Michelin, aidaient au déballage et au transport des pièces. Une forte charrette barrait l'entrée de la chapelle, et quatre grands chevaux de trait hennissaient en secouant leurs colliers à grelots trempés de sueur. Les enfants de la maison, curieux de toute chose nouvelle, gênaient les ouvriers en suivant tous leurs mouvements et leur faisant des questions qui n'obtenaient pour réponse que des exclamations d'impatience.

— Veux-tu l'ôter de là ?... au diable les enfants !

Espérance ne partageait pas cette fièvre de curiosité. Il avait en tout une certaine lenteur grave, et on disait dans la famille que celui-là ne remuait jamais un doigt sans avoir *demandé à sa tête* s'il devait le remuer. Mes yeux, qui avaient l'habitude de le chercher, tombèrent sur lui. Je le vis assis tranquillement dans la chapelle, sur le ballot de paille qui contenait les os de son grand-père, et paraissant réfléchir profondément.

— A quoi penses-tu? lui dis-je, frappé de cette physionomie dont l'expression calme et chercheuse semblait devancer les pensées et les réflexions d'un autre âge.

Il crut que je lui reprochais de s'être assis sur cette paille et se leva en disant :

— Je ne fais point de mal.

Je lui tendis la main, je savais qu'il n'aimait pas à être embrassé, et j'obtenais de lui de temps en temps qu'il plaçât sa petite main dans la mienne. Il n'était point démonstratif et ne caressait personne au monde que la petite Charlotte, ma filleule, sur les genoux de sa mère.

Quand tout fut déballé, le roulier qui avait amené ces tombes et que je n'avais pas songé à regarder vint à moi et me dit avec une voix qui me fit tressaillir :

— Eh bien, monsieur Charles, êtes-vous content de moi? n'ai-je rien cassé en route?

— Ambroise Yvoine! m'écriai-je en levant la tête, comment, c'est vous?...

— C'est moi qui ai pris ce chargement à Sévines, chez M. le comte. Il ne m'a pas reconnu, mais j'ai vu avec plaisir qu'il se portait assez bien.

— Mais comment diable étiez-vous à Sévines?

— J'étais à Orléans, employé comme homme de peine à la compagnie du roulage. On m'a choisi pour accompagner le roulier, parce que justement je revenais au pays, et il va venir vous présenter sa note.

— C'est bien; mais vous ne me dites pas comment vous aviez été si loin chercher de l'ouvrage, quand vous parliez de laisser là les aventures et de vous installer à Flamarande.

— J'avais été là parce que j'y ai un frère établi, qui demandait depuis longtemps à me voir. Me voilà revenu, et je m'installe ici, c'est décidé. Je ne suis plus roulier, je ne suis plus braconnier, je ne suis plus maquignon; me voilà architecte; puisque j'ai promis de réparer les machicoulis, je tiendrai parole.

— Vous les réparerez, Ambroise, mais vous serez payé. J'ai parlé de cela à M. le comte; il m'a donné carte blanche. Dès que la chapelle sera entièrement remise en bon état, je ferai refaire le couronnement de la tour, et vous y travaillerez.

— Comme journalier? Non, merci, ce n'est pas là mon affaire. J'aime à diriger les autres, et je m'y entends; mais, puisque vous êtes chargé de cela, je deviens inutile.

— Oh! moi, je n'y entends rien; vous dirigerez, Yvoine, et nous allons en causer en déjeunant ensemble.

Je le pris sous le bras, et, en le conduisant au pavillon où je prenais les repas avec la famille, je lui demandai ce qui se passait à Sévines.

— Rien que je sache mieux que vous, répondit-il, car j'y ai pris mon chargement le lendemain du jour où vous avez quitté le château.

— Au fait, oui, repris-je, vous avez eu quinze jours de route. Et dans le pays, à Orléans, il n'y avait rien de nouveau?

— Toujours les mêmes causeries.

— A propos de quoi?

— Oh! vous savez bien, l'enfant perdu, ou enlevé, ou noyé, on ne sait pas; chacun dit son mot.

— L'enfant... de Sévines?

— L'enfant de M. le comte et de madame la comtesse, une affaire déjà ancienne dont on s'est remis à parler. Vous savez mieux que personne ce qui en est, vous qui étiez là dans le temps.

— Non, je n'y étais pas, je n'y étais pas le jour de ce grand malheur...

— Le grand malheur... Alors vous croyez l'enfant noyé?

— Et vous, Ambroise?

— Moi, je le crois aussi. Est-ce que nous vivons dans un temps où on pourrait comme ça faire disparaître un petit et sa nourrice? Avant la Révolution, dans les temps anciens, je ne dis pas. Vous connaissez bien la légende du château de Flamarande.

— Il y a une légende?

— Et une belle. Je vais vous la dire, si vous le souhaitez.

— Dites, mon cher; je vous le demande.

— C'était du temps du roi Louis.

— Quel roi Louis? Il y en a eu beaucoup.

— L'histoire ne dit pas lequel; mais j'ai entendu dire au curé de Saint-Julien que ça devait être du temps de Louis douzième. La dame de Flamarande avait mis au monde un petit, beau comme un soleil; mais voilà que son mari a prétendu qu'il était le fils du seigneur de Mandaille, et, pour le prouver, il a mis un crucifix sur la poitrine de l'enfant endormi en disant : « Quand je nommerai ton père, au nom du Sauveur, je t'adjure d'ouvrir les yeux. » Alors il s'est mis à crier : « Flamarande, Flamarande, Flamarande! » et le marmot n'a pas bougé; mais, quand le comte a appelé par trois fois : « Mandaille, Mandaille, Mandaille!... »

— Est-ce que vous êtes malade, monsieur Charles? Vous êtes blanc comme un linge!

— Je suis sujet aux crampes d'estomac. N'y faites pas attention, Yvoine, et continuez, je vous prie. Votre légende m'amuse beaucoup.

— Eh bien, quand le seigneur de Flamarande

crut que le bon Dieu, qui abandonne tant de maris aux hasards de la guerre, faisait un miracle pour lui, il prit le petit Gaston.

— Il s'appelait Gaston ?

— Oui, Gaston ; il paraît que c'était un nom à la mode de ce temps-là, et il commanda à ses valets de le faire mourir ; mais ils eurent pitié du petit et le laissèrent avec la chienne levrette de la dame, qui les avait suivis, dans un bois des environs qu'on appelle, depuis ce temps-là, le bois Gaston. La levrette ne rentra pas ; elle abandonna ses petits et nourrit l'enfant, et un beau jour on le vit revenir au château, tout grand et tout fort, mais d'un air si sauvage qu'on en eut peur. Il ne parlait point et ne put dire qui il était. Personne ne s'en douta. On voulait le chasser. La dame de Flamarande seule en eut pitié et commanda qu'on lui donnât du pain et des habits. Elle obtint de son mari qu'on lui ferait garder les vaches, et du chapelain qu'on lui apprendrait à parler et à connaître le bon Dieu. Et plus tard, devenu chef des vacheries de Flamarande, il fut grand homme de bien, et mourut comme un saint, sans jamais avoir connu sa seigneurie ni songé à la réclamer.

— Et voilà tout ? Comment a-t-on fait pour savoir que cet enfant, nourri dans les bois, était un Mandaille ?

— Il n'était pas un Mandaille. Quand il fut mort, comme on le mettait dans la bière, on trouva sur lui une relique que sa mère lui avait mise au cou le jour de sa naissance. Elle pleura de n'avoir pu reconnaître son fils qu'après la mort, et jura à son mari qu'il lui avait fait insulte, car elle n'avait point aimé le sire de Mandaille. Alors le sire de Flamarande voulut renouveler sur le mort l'épreuve qu'il avait faite sur le *naissant*. Il lui mit le crucifix sur la poitrine et appela par trois fois Mandaille sans que rien bougeât ; mais, quand il appela : « Flamarande, Flamarande, Flamarande ! » à la première fois le mort ouvrit les yeux, à la seconde il regarda son père d'un air de reproche, à la troisième il sourit en manière de pardon ; puis il referma les yeux et jamais plus ne les rouvrit. Alors le sire de Flamarande pleura, lui fit dire beaucoup de messes et le fit enterrer dans la chapelle du château, où vous trouverez sa pierre dans un coin avec une épée en signe de sa noblesse et une houlette en mémoire de son état de berger.

— J'ai vu en effet cette pierre. Michelin n'a pas pu m'expliquer ce que signifiait la houlette.

— Ah ! c'est que Michelin est dans les jeunes, qui sont instruits et ne croient plus à ces histoires-là ; mais son père la connaissait bien, et il l'a racontée à M. de Flamarande, votre maître. Il la lui a racontée devant moi, le soir du jour où j'ai conduit M. le comte à la chasse.

— Ah ! vraiment ! devant madame la comtesse, par conséquent ?

— Non, elle n'était pas là ; mais M. de Salcède y était.

— Et ils ont trouvé l'histoire ?...

— Très-belle.

— Et vous, Yvoine, y croyez-vous ?

— Je ne la crois pas impossible. Quelque pauvre femme aura recueilli l'enfant et l'aura nourri en secret par crainte du seigneur de Flamarande. Quant aux miracles, on y croyait dans le temps, et il n'y a pas de légende sans cela. Moi, je n'en ai jamais vu ; mais je ne dis ni oui ni non, je suis trop bête pour raisonner là-dessus. — Êtes-vous mieux, monsieur Charles, et vous sentez-vous de l'appétit ?

On se mettait à table, et je m'efforçai en vain de manger ; j'étais trop ému. Le récit d'Ambroise était pour moi une révélation. Évidemment ce récit avait vivement frappé M. le comte et s'était emparé de son cerveau. Ce nom de Gaston donné précisément au fils qu'il répudiait n'était-il pas comme un besoin de recommencer la légende ? Attendrait-il que Gaston fût mort pour tenter la seconde épreuve ?

Mais cette légende existait-elle ? n'était-ce pas un autre genre d'épreuves que me faisait subir Ambroise Yvoine ? Il arrivait des environs de Sévines, où il avait pu, en recueillant les propos, partager les soupçons relatifs à la disparition de Gaston. Maquignon qu'il était, il avait dû s'intéresser à celle de Zamore, qui était devenu dans les légendes orléanaises un animal fantastique comparable à la monture des quatre fils Aymon. On disait qu'il avait porté le comte, la nourrice et l'enfant en une nuit d'Orléans à Paris, où son maître avait mis Gaston aux Enfants trouvés.

Que ne disait-on pas ! Mais Yvoine avait-il assez d'imagination pour inventer une légende aussi conforme à la réalité présente? Je voulus en avoir le cœur net. J'allai dans la journée me promener au hameau de Saint-Julien, où je fis une visite au curé et amenai la conversation sur ce sujet, tout en visitant avec lui les antiquités de son église. Son récit fut absolument conforme à celui d'Ambroise Yvoine. Je rentrai un peu calmé, mais une nouvelle agitation m'attendait à peu de distance de mon gîte.

XXXIX

Un homme de haute taille venait à ma rencontre. Ce n'était qu'un paysan portant un panier et dont le costume n'offrait rien de frappant ; mais, à mesure qu'il s'approchait de moi, j'étais saisi de l'élégance de sa démarche, et le nom de Salcède s'écrivait en lettres de feu dans mon cerveau. La nuit commençait, et je ne pouvais distinguer sa figure. Je doublai le pas pour le voir de plus près, m'apprêtant à le saluer pour le forcer à soulever le chapeau déformé qui lui ombrageait fortement le visage, lorsque, au détour d'une roche qui me le masqua durant quelques secondes, je ne vis plus personne sur le sentier. Il avait disparu comme disparaîtrait un fantôme, car d'un côté le rocher à pic n'offrait aucun interstice dont il eût pu profiter ; de l'autre, le même roc plongeait verticalement dans l'abîme où roulait le torrent. Je restai là quelques instants stupéfait, regardant avec soin de tous côtés ; je ne vis rien qui pût m'expliquer ce qu'il était devenu. Je me demandai si je n'avais pas été le jouet d'une hallucination. Pour moi, le comte de Flamarande était alors un exalté très-près de la démence, et je songeais avec terreur que cet état moral pouvait être contagieux.

Je repris le chemin du manoir et trouvai très-près de là Ambroise, qui rentrait aussi, portant le petit Espérance sur son épaule.

— Nous n'allons pas vite, me dit-il, nous vous attendions. Quel gibier guettiez-vous donc là-bas que vous avez tant regardé et tant cherché?

— Je cherchais, lui répondis-je, à me rendre compte du chemin qu'avait pu prendre un homme que j'ai vu venir, et que vous avez dû rencontrer.

— Simon, le meunier de Saint-Julien? Nous n'avons rencontré que lui.

— Par où a-t-il pu passer dans l'endroit où je l'ai perdu de vue?

— Vous souhaitiez lui parler?

— Non, je me disais qu'il avait pu tomber dans le précipice, et que le bruit du torrent m'avait empêché d'entendre ses cris.

— Quand Simon de Saint-Julien se laissera tomber, répondit Ambroise en riant, c'est que quelqu'un lui aura cassé les deux jambes.

— Alors vous n'êtes pas inquiet?

— Moi? jamais! rien ne m'inquiète.

Et, se retournant vers l'enfant :

— Qu'est-ce que tu veux, toi? Tu souhaites marcher? Eh bien, embrasse-moi, je te mettrai sur tes pattes.

Espérance ne se fit pas prier et l'embrassa, faveur qu'il ne m'avait jamais accordée de bonne grâce. J'en fis la remarque.

— Et pourtant, voyez un peu! répondit Ambroise, il vient d'embrasser Simon sans en être beaucoup prié. Il faut croire qu'il y a des figures qui lui plaisent et que la vôtre ne lui revient pas.

Simon de Saint-Julien existait-il? N'était-ce pas un nom improvisé par Yvoine qui avait réponse à tout avec une aisance admirable? A souper, j'amenai la conversation sur les hommes de belle taille, et je prétendis que ceux du pays me semblaient être généralement au-dessous de la moyenne.

— Pourtant, ajoutai-je en élevant la voix, j'en ai vu un très-grand aujourd'hui. Comment l'appelez-vous donc, maître Ambroise?

— Simon le meunier, répondit-il également à voix haute et avec la promptitude qu'il mettait toujours à répondre sur la dernière syllabe de son interlocuteur.

— Vous avez vu Simon aujourd'hui? dit Michelin. C'est pour de vrai un bel homme et bien découplé. D'où vient donc qu'il n'est pas venu nous dire bonjour en passant?

— Il était pressé de rentrer, reprit Ambroise;

il avait été jusqu'à Mandaille pour un payement qu'on lui devait.

Je fus encore rassuré ce jour-là, mais les jours suivants, à propos des plus futiles circonstances, je recommençai à me tourmenter. Vraiment Ambroise Yvoine me semblait jouer avec moi comme un chat avec une souris. Il avait des allures qui prêtaient beaucoup à mes soupçons. Il s'était installé dans le donjon, où il avait fait apporter quelques pauvres meubles, et il dirigeait le travail des ouvriers avec beaucoup d'intelligence et de bonne humeur ; mais il n'était pas toujours là, et, quand il disparaissait, nul n'eût pu dire où il était et à quoi il s'occupait. A vrai dire, nul autre que moi ne s'en tourmentait, et, quand je le questionnais, il répondait en riant :

— Ah voilà ! qui peut savoir ce que je fais et où je vais quand je le sais tout au plus moi-même ? Je suis l'oiseau qui voltige de place en place et qui vit pour vivre. Demandez au martinet sur combien de pierres du donjon il a passé en tournant dans les airs. Bien sûr, le soir venu, il n'en sait pas le compte ; pourtant il a son idée, et j'ai souvent la mienne. Il pense à attraper des mouches, et moi, je pense à n'en pas trop gober.

XL

Ainsi toutes les réponses facétieuses de ce bonhomme avaient pour moi un sens que je croyais toujours dirigé contre moi, et, quand je me disais qu'il n'y songeait peut-être pas du tout, je me trouvais sot et malheureux. Vingt fois par jour je me sentais prêt à lui dire :

— Ne jouons donc pas au plus fin, entendons-nous plutôt pour rendre l'enfant à sa mère. Chargez-vous de lui porter cette révélation. Ce secret me pèse, rendez-moi le service de m'en débarrasser.

Mais alors une mauvaise honte me retenait. J'avais mis de l'amour-propre à mener à bien la chose qu'au premier abord j'avais jugée impossib'e; confesser à ce bohémien qu'il était plus habile que moi me causait une répugnance insurmontable. Ainsi, partagé entre la lassitude de mon méchant rôle et la crainte de voir le triomphe d'Ambroise, je me consumais et devenais de plus en plus malade, si bien que je fus pris d'une grosse fièvre et dus garder le lit pendant quatre jours. Les Michelin me soignèrent très-affectueusement ; mais ce fut Yvoine qui me guérit en m'administrant un breuvage de sa façon, composé avec des plantes de la montagne. Je le pris sans avoir conscience de rien, car durant quarante-huit heures je perdis la notion du lieu où j'étais et des personnes qui m'entouraient.

Quand je revins à moi, le jour paraissait à peine ; je regardai autour de moi avec étonnement, surpris de sortir du chaos de rêves où je me débattais, et de voir Ambroise à mon chevet. Je l'interrogeai ; il m'apprit que j'avais beaucoup battu la campagne, mais qu'il connaissait cette fièvre-là et m'avait servi de médecin. Je continuai à prendre ses médecines et m'en trouvai fort bien, car, au bout de quelques jours, j'étais délivré de tous les malaises que j'avais éprouvés auparavant.

— Mon brave Ambroise, lui dis-je un matin en déjeunant avec un appétit que je n'avais pas eu depuis six mois, je ne sais pas si je vous dois la vie ; mais, à coup sûr, je vous dois la santé. Et puis je sais à présent que vous m'avez soigné comme si j'eusse été votre frère. Vous avez passé des nuits debout et des jours sans me quitter un instant. Je voudrais vous témoigner ma reconnaissance ; dites-moi ce qui vous ferait plaisir.

— Je ne vous demande rien que de vous bien porter, monsieur Charles, répondit-il d'un air de franchise ; je ne suis pas malheureux et n'ai guère de fantaisies. Pourtant j'en ai une, qui est de demeurer dans cette ferme, ma vie durant. Vous savez que j'ai choisi cette famille Michelin pour la mienne. J'ai amassé quatre ou cinq sous, et, comme je n'ai pas de descendance, mon frère d'Orléans n'en ayant pas non plus, moi, j'aimerais à mourir ici et à laisser ce que j'ai à un des petits enfants, à votre filleule, où votre commère, ou le petit Espérance, si sa famille vient à l'abandonner. J'en ai touché deux mots à Michelin et à sa femme, et ils m'ont dit que, si vous approuviez, ils me garderaient ici volontiers. Alors c'est à vous de décider, car, si nous avons déjà parlé de cela en riant, à présent c'est chose sérieuse. J'ai senti mes premiers rhumatismes l'hiver dernier, et je ne veux pas finir dans un fossé. Je pourrai encore courir par le beau temps ; mais, quand viendra la neige, je veux avoir mon gîte comme un vieux lièvre ; ça vous va-t-il ?

Je ne pouvais certes pas refuser, et je montrai même de la joie de pouvoir être agréable à Yvoine; mais cette apparente insistance à demeurer auprès d'Espérance me donna encore à penser. J'essayai en vain de lui arracher quelque aveu. Je dus reconnaître que, s'il s'était emparé de mon secret, il était plus habile que moi à le garder. Et n'en devait-il pas être ainsi ? N'avait-il pas le beau rôle, le rôle généreux, tandis que, contrairement à ma conscience et à mes instincts, j'avais le rôle du traître dans cette comédie ?

Je passai encore six semaines à Flamarande. Je m'y sentis plus calme et, en dehors de mon chagrin intérieur, plus heureux que je ne l'avais été depuis longtemps. Ces Michelin étaient réellement de braves personnes, leurs enfants m'aimaient, et Ambroise me distrayait par son esprit enjoué et actif. Je me portais bien, je chassais un peu ; je n'avais plus le spectacle des larmes de madame de Flamarande et le supplice des confidences de son mari. Je m'appartenais enfin, et peu à peu je m'habituais à l'idée de secouer le joug qui m'avait été imposé. Je prenais la résolution d'écrire à madame la comtesse pour l'informer de l'existence et de la bonne santé de son fils aîné. Je lui écrivis même beaucoup de lettres, que je brûlai toutes, retenu par la crainte qu'elles ne fussent surprises par son mari.

D'ailleurs, cela ne pouvait pas s'expliquer par écrit. Une femme si pure et si noble ! comment oser lui dire de quoi elle était accusée ? Une mère si passionnée ! comment l'empêcher de commettre quelque imprudence dont le résultat lui eût été funeste ? M. le comte avait trouvé le plus cruel des châtiments en cas de révolte de sa part ; il avait parlé de lui retirer Roger, et il était homme à le faire. Je devais être là, je devais préparer la comtesse à cette révélation ; je ne pouvais en charger personne. Tout cela ne devait avoir lieu qu'à son retour d'Italie. Je m'attachai à cette résolution forcément ajournée, à cet espoir de racheter le repos absolu de mon cœur et de ma conscience, et je pris courage en m'occupant de Gaston avec un profond attendrissement.

Malheureusement pour moi, Gaston ne m'aimait pas, et toutes mes avances le trouvaient insensible. Il n'était ni brutal ni maussade, mais il me répondait d'un air ennuyé et s'essuyait le front du revers de sa main quand je me hasardais à y déposer mes lèvres par surprise.

Son instinct de réserve était moins sensible avec les autres. Les paysans ne sont pas démonstratifs, et personne ne quêtait ses caresses. Il était tout l'opposé de son frère Roger, qui montrait déjà un caractère tout en dehors. Gâté, ardent, fantasque, Roger n'avait pas une minute de repos. Il fallait que tout mobilier ou toute personne lui passât par les mains. Il brisait tout, et dans ses jeux il se souciait peu de vous faire du mal : mais il avait tout aussitôt des repentirs charmants : il vous caressait avec passion, trouvant des mots tendres et comiques pour vous consoler. Ses prières étaient irrésistibles, ses colères effrayantes, ses gentillesses adorables. Tout émotion, il donnait aux autres des émotions continuelles.

Gaston, paisible et méfiant, était très-mystérieux. Sa douceur était inaltérable. Il n'avait aucune fantaisie et s'amusait seul autant qu'avec les autres enfants. Tout paraissait l'intéresser, il examinait des heures entières le travail des fourmis ou celui des abeilles. Il se couchait à plat ventre dans la prairie et contemplait les petits brins d'herbe ou conversait avec les grillons. Il aimait peu les grands animaux, mais il n'en avait pas peur, et, à vrai dire, il ne paraissait jamais effrayé de rien. Il était bon et cédait tout aux fillettes de la maison; mais il paraissait n'aimer que la plus petite et ne se laissait entraîner à aucune partie bruyante. Recueilli et comme rentré en lui-même, il ne demandait jamais rien, et, si on eût oublié de lui donner à manger, il s'en fût allé cueillir les myrtiles de la montagne et les framboises des bois plutôt que de réclamer.

On ne s'étonnait pas de le voir si différent des autres. On l'avait vu d'abord triste ou résigné, parce qu'il ne pouvait se faire comprendre, et on se rendait assez bien compte du travail imposé à un enfant qui commence à parler, lorsque tout à coup il lui faut oublier une langue et en apprendre une autre. On se disait qu'il deviendrait tout à fait gai quand il pourrait s'exprimer tout à fait; mais ces bonnes raisons ne me persuadaient pas. Je voyais toujours en lui l'être arraché brusquement à son milieu et condamné à une existence contraire aux instincts et aux tendances de sa race. Les enfants de Suzanne Michelin avaient été vachers et faiseurs de fromage dans le sein de leur mère; Gaston avait été porté en carrosse et nourri de bouchées à la reine avant de naître; Espérance ne savait pas cela, mais il le sentait, et, sans donner une forme à ses idées d'enfant, il éprouvait sans doute l'étonnement et peut-être l'effroi de vivre autrement qu'il n'eût vécu sans le comte de Flamarande et sans moi! Aussi, quand il me regardait, j'étais prêt à baisser les yeux, et, quand il se refusait à mes caresses, je me disais :

— C'est bien fait, tu as ce que tu mérites.

J'avais obtenu de mon maître un mois de vacances, j'en pris deux sans lui en demander la permission. Je craignais de me trouver près de lui et ne désirais que le mécontenter pour avoir le droit de rompre. Il avait répondu de ma dette paternelle, et mes créanciers avaient pris patience; mais j'étais encore assez jeune pour trouver un emploi, et M. le comte savait bien que j'étais trop scrupuleux pour oublier de m'acquitter.

XLI

Je partis pour Paris à la fin de septembre, chassé du Cantal par le froid qui devenait très-vif. J'aurais voulu emmener Ambroise à qui, en dépit ou peut-être à cause de mes défiances, je m'étais singulièrement attaché. Je lui représentais que j'étais en position de lui faire gagner sa vie, et que je ne comprenais pas sa retraite d'hiver dans la montagne, lui qui commençait à craindre les rhumatismes et à vouloir se soigner.

—Vous ne connaissez pas nos pays, me répondit-il : il n'y a que le vent qui soit un peu désagréable sur les hauteurs ; mais, quand vient la neige, nous ne souffrons plus du froid. Elle nous enferme dans nos baraques et nous garantit. Quelquefois elle couvre nos toits de plus d'un mètre d'épaisseur; alors nous creusons des chemins couverts pour circuler d'un bâtiment à l'autre, et il y a des villages où on vit ainsi gaiement comme des cri-cri qui chantent dans une miche de pain. Ici, à Flamarande, on n'est jamais recouvert entièrement, parce que le rocher à pic permet de se déblayer tous les jours. On laisse pourtant les étables se couvrir, et on y couche même les enfants, parce que c'est plus sain et plus chaud.

— Ainsi, lui dis-je, Espérance va dormir cet hiver dans la neige ?

— Sous la neige, ce qui n'est pas la même chose que sur la neige ; et pourquoi ce petit-là craindrait-il le froid plus que les autres enfants ?

— Je ne sais pas, mais peut-être n'y est-il pas habitué. Vous dites qu'il est de race méridionale... S'il a été élevé dans les pays chauds...

Ambroise me regardait si attentivement, que je crus m'être trahi, et me hâtai de parler d'autre chose.

Je m'en retournai à Paris par Clermont. Je m'attendais à des reproches, car je ne m'étais guère pressé en route ; mais M. le comte ne parut pas s'être aperçu de ma négligence, et il ne me fit aucune question sur l'emploi de mon temps. Il ne s'intéressa qu'à l'installation des restes de ses parents dans la chapelle restaurée, et paya la note des dépenses sans me demander pourquoi j'avais fait en même temps réparer le donjon. J'essayai encore de lui parler de Gaston. Il me fit signe de la main que ce sujet m'était désormais interdit, et je n'y revins pas.

Madame la comtesse arriva dans les premiers jours de novembre. Elle aussi avait fait l'école buissonnière, car la vente de Sévines avait pris du temps, et M. le comte disait n'avoir pu ni la rejoindre en Italie ni la faire revenir à Paris. Il n'était plus jaloux d'elle, on eût dit qu'il ne l'avait jamais été. Il était de meilleure humeur qu'avant les événements. Ses dettes étaient payées, sa santé raffermie, et il avait une femme soumise, un fils superbe; c'était tout ce qu'il avait ambitionné.

Roger était plus gâté, plus diable, plus séduisant que jamais. Madame se portait très-bien aussi, et je crois qu'elle avait embelli encore. J'avais beaucoup redouté de la revoir maigrie et triste comme à son départ. Loin de là, elle semblait radieuse. Elle avait pris son parti, Gaston paraissait oublié, Roger était assez, il était tout pour elle. Dans cette situation, je me demandai si je devais troubler la paix reconquise dans cet intérieur par une révélation périlleuse, et je retombai dans mon accablement. J'avais dû ma guérison physique et morale à une courageuse résolution de consoler cette mère éperdue. Je la retrouvais oublieuse ou abusée définitivement. Je me sentais comme forcé de rester criminel envers elle et coupable à mes propres yeux. Ma timidité vis-à-vis d'elle en augmenta d'autant. Je m'étais flatté, dans mes bons rêves de Flamarande, de conquérir par mes aveux et mon repentir la bienveillance presque amicale qu'elle m'avait témoignée dans sa douleur et que j'avais tant besoin de mieux mériter. Pour voir sa joie et sa reconnaissance, j'aurais, je crois donné ma vie, et j'eusse bravé la fureur, le mépris de mon maître ; mais quoi ! elle ne pensait plus à Gaston. Elle était calme, elle était belle. Elle me regardait tranquillement, elle me parlait avec une douceur polie et froide. Ses yeux n'interrogeaient plus les miens. Sa main ne se tendait plus vers la mienne. Elle avait oublié tout, je n'étais plus que le valet de chambre de M. le comte. Elle n'avait même plus un ordre à me donner.

Un jour, elle me trouva à quatre pattes dans l'antichambre, servant de monture à l'impétueux Roger, qui, tout en me tenant au cou et m'embrassant, me donnait des coups de talon dans les côtes. Elle le prit vivement dans ses bras, comme si elle eût craint que je ne lui fisse du mal.

— Ah ! madame, lui dis-je en me relevant, vous ne savez pas comme j'aime les enfants !

— Je le sais, répondit-elle, je sais que vous avez un très-bon cœur ; mais vous gâtez trop Roger. Il en abuse et deviendra méchant.

Il me sembla que le moment était comme fatalement amené pour ma confession et j'allais supplier madame de m'entendre en particulier ; mais, avant que j'eusse pu trouver un mot pour exprimer mon intention, elle avait disparu, emportant son fils, et je n'eus pas le courage de la suivre.

Un autre jour, je reçus des mains du facteur une lettre à son adresse, et je reconnus l'écriture de madame de Montesparre. J'étais résolu à ne plus servir d'espion, et j'allais remettre cette lettre à Julie lorsque M. le comte passa près de moi rapidement et la prit en disant :

— Suivez-moi.

Quand je fus dans son cabinet :

— Lisez-moi cela, dit-il.

Je ne voulais plus, je tremblais, ma révolte allait éclater. Il ne voulut pas s'en apercevoir. Il brisa le cachet et me remit le papier en disant :

— Lisez donc !

Je lus :

« Montesparre, le 2 janvier 1846.

» Ma chère Rolande, j'ai à vous parler ; je serai à Paris dans quelques jours. Je descendrai à mon appartement, toujours le même, et je vous attendrai, car j'ai horreur de votre mari et ne veux pas le voir. Je ne vous parlerai pas de Salcède, je ne sais où il est. Je vous parlerai de moi. Vous devinez que j'ai besoin d'un service, et, quel que soit le passé entre nous, je vous connais trop pour croire que vous hésiterez.

» BERTHE. »

— Fort bien, dit le comte en reprenant la lettre.

Madame Berthe est consolée aussi et veut procéder à quelque autre mariage. Madame de Flamarande n'a que faire de semblables confidences. Donnez-moi la cassette aux lettres.

J'objectai que toutes ces lettres supprimées constituaient une imprudence de la part de M. le comte. Madame de Montesparre venant à Paris, il était bien impossible que madame la comtesse ne la rencontrât pas dans le monde, pour peu qu'elle y mît le pied. Ces dames ne manqueraient pas de s'expliquer, et la confiscation de leur correspondance éveillerait les soupçons de madame de Flamarande.

— Vous êtes bien simple, me répondit le comte, si vous croyez que madame de Flamarande n'a pas deviné tout ce qui ne lui a pas été dit. Elle s'est confessée par son silence, elle a accepté son châtiment, elle a fait son devoir et réparé sa faute. Je veux qu'on la laisse tranquille désormais ; elle va fort peu dans le monde, elle acceptera sans regret de n'y plus aller du tout. Elle recevra chez elle, et madame de Montesparre n'osera s'y présenter. Tout est bien ainsi ; mais vous ne me disiez pas, Charles, que la baronne était à Montesparre.

— Elle n'y était pas à mon dernier voyage.

— On la disait malade dans le Midi, reprit le comte ; elle a maintenant des allures assez mystérieuses, quelque nouvelle passion sous roche ; elle en a trop pour être l'amie d'une femme qui n'en doit point avoir. Donnez l'ordre qu'on ne la reçoive pas, si elle se présente.

Je ne donnai point d'ordre, et huit jours se passèrent sans qu'on entendît parler de la baronne. Je m'informai comme par hasard à son hôtel, elle était arrivée ; mais, huit jours s'étant encore écoulés sans qu'on la vît et sans qu'elle écrivît de nouveau, M. le comte pensa qu'elle avait renoncé à voir la comtesse, soit qu'elle fût justement blessée de son silence, soit qu'elle eût déjà oublié le désir, un instant éprouvé, de revoir sa chère Rolande. C'était, selon lui, le plus probable. Les femmes, disait-il, sont moins nuisibles qu'on ne croit ; leur légèreté les détourne le plus souvent des malices dont elles nous menacent.

Je n'étais pas aussi tranquille. Qui sait si madame de Montesparre ne tenait pas la clef du grand secret ? Si je ne m'abusais pas, Ambroise m'ayant reconnu à *la Violette*, et depuis étant allé à Sévines, Ambroise Yvoine devait tout savoir ou tout pressentir. Si l'homme que j'avais vu disparaître comme par enchantement à mon approche, et qu'Ambroise prétendait être le meunier Simon, n'était autre que M. de Salcède déguisé, et si la baronne était alors secrètement à Montesparre, était-il invraisemblable que ces trois personnes, liées entre elles, eussent commenté l'apparition miraculeuse d'un enfant mystérieux dans la crèche de Michelin ? Madame de Montesparre aurait, dans ce cas, résolu d'avertir madame de Flamarande, et, en lui écrivant prudemment comme pour lui demander un service, elle se réservait de lui apporter une grande joie. Il fallait donc me hâter de tout révéler à la comtesse, si je voulais en avoir le mérite, au lieu de porter la honte et l'odieux d'être signalé par d'autres à son aversion.

Je ne dormais plus, et de nouveau je me sentais très-malade.

— Il faut en finir, me disais-je ; ce soir, demain, je parlerai.

Et je ne parlais pas, redoutant l'éclat de cette bombe incendiaire que j'allais lancer dans un intérieur redevenu si paisible et si satisfait.

Et d'ailleurs, comment parler dans cette maison où tout était minutieusement surveillé par le maître en personne ? Il ne se fiait peut-être plus à moi, et, sans en faire rien paraître, il m'espionnait sans doute assez pour voir que je n'espionnais plus. Une fois déjà, à Sévines, il m'avait surpris, prêt à le trahir ; il avait vu sa femme à mes pieds. — Je songeai que, si je pouvais rencontrer madame dehors, j'aurais bien l'habileté de lui parler sur la portière de sa voiture sans être entendu de Joseph ; mais Roger et sa bonne, une grosse Normande très-curieuse, l'accompagnaient partout. Je me mis à suivre madame dans Paris. Je n'étais pas valet de pied, je ne pouvais monter derrière sa voiture. Je prenais un cabriolet de place et le payais fort cher pour qu'il suivît son équipage ; mais elle ne faisait pas ou presque pas de visites, et c'était toujours dans des hôtels où les maîtres occupaient le rez-de-chaussée. Il n'y avait pas moyen de la rejoindre dans un escalier et de lui parler sur un palier quelconque. Elle n'allait ni chez sa couturière, ni chez sa modiste ; toutes ses fournisseuses la servaient à domicile. Aux promenades publiques, elle tenait toujours son fils par la main, et là d'ailleurs elle n'eût pas pu s'arrêter, encore moins se dérober pour parler à un valet de chambre. Un jour que je la suivais avec beaucoup d'espoir, car Roger était un peu enrhumé et elle était sortie sans lui, je la vis avec surprise prendre le chemin du bois de Boulogne. Il faisait très-sombre et très-humide, et ce n'était ni le jour ni l'heure pour se promener.

A cette époque-là, le bois n'était pas un parc royal à l'anglaise. Il n'y avait ni lacs, ni rochers, ni cascades, mais il y avait des arbres, des bruyères, des chemins où l'on entrait profondément dans le sable, des clairières mélancoliques, des endroits déserts en un mot, et, sachant que madame aimait ces endroits-là, je me disais qu'elle y mettrait pied à terre et que je pourrais l'entretenir en toute sécurité. Par malheur, je ne pouvais la suivre que d'assez loin, mon cocher avait un mauvais cheval : je la perdis de vue après qu'elle eut dépassé la porte Maillot, dont j'étais loin encore. Si peu qu'il y eût d'équipages ce jour-là, les traces des roues s'entre-

croisaient sur le sable, et je dus aller au hasard.
Ce maudit sable rendit encore plus pénible l'allure
de mon cheval. Je payai l'homme, et, sautant à
terre, je m'en fus à travers bois, coupant les taillis
pour aviser chaque allée, me fiant à mon étoile
plus qu'à mon discernement.

XLII

Je perdis ainsi deux heures. Une pluie fine tombait, et la nuit se faisait plus tôt que de coutume. Je m'étais égaré et me trouvais dans une véritable lande où je n'avais plus espoir de rencontrer personne et où je cherchais à m'orienter pour regagner la porte Maillot, lorsque, de derrière une touffe de jeunes pins, j'entendis sortir une voix qui me fit tressaillir, et qui, bien que voilée par la prudence, prononça distinctement ces mots :

— Adieu !... oh ! que je vous aime, que je vous aime !

C'était la voix de la comtesse. Deux personnes sortirent du massif, la femme enveloppée et voilée disparut ; l'homme, très-grand, d'une silhouette très-élégante à laquelle je ne pouvais me méprendre, s'éloigna ; c'était M. de Salcède.

Je m'élançai sur ses traces sans trop me dissimuler. Il ne s'aperçut pourtant de ma poursuite qu'assez loin de là, et alors, me prenant sans doute pour un voleur, il arma un pistolet de poche. J'étais exaspéré ; j'aurais volontiers joué ma vie. Je continuai à le suivre, et, comme il entendait mes pas derrière les siens, il en parut ennuyé et s'arrêta court. Il aimait mieux être attaqué que surpris.

J'eus l'idée d'agir comme les voleurs et de lui demander l'heure, afin de le voir de près et d'entendre sa voix me dire avec menace de passer mon chemin. Il n'était pas homme à s'effrayer ; il me répondrait certainement et ne tirerait pas sur moi, si je ne l'attaquais pas. Je le savais doué d'un grand sang-froid ; mais alors il me reconnaîtrait, il saurait que je surveillais ses rendez-vous avec la comtesse, et il m'échapperait. Je voulais absolument savoir où il demeurait ; je ralentis mon allure pour le rassurer. Nous étions dans l'allée des pins ; l'obscurité augmentait lorsque je vis les lanternes d'un coupé qui était arrêté là. Il sauta dedans sans rien dire au cocher, mais j'eus le temps de voir, aux reflets troublés de ces lanternes, non pas une figure distincte, mais une barbe grise et des cheveux d'un blanc de neige.

Je m'étais donc trompé ? Ce n'était pas là le jeune et beau Salcède ; mais alors quel était donc ce vieillard à qui madame de Flamarande donnait rendez-vous au fond d'un bois par une triste soirée de février, et à qui elle disait avec l'accent de l'enthousiasme : « Oh ! que je vous aime ! »

Le coupé avait filé vers la porte Maillot avec la rapidité de l'éclair. J'étais à pied, accablé de fatigue, brisé par l'émotion. Je ne pus trouver de voiture et dus marcher encore jusqu'à l'Arc de triomphe. Là, je crus m'évanouir ! j'avais oublié de déjeuner. J'entrai dans un petit restaurant des Champs-Élysées pour me reposer plutôt que pour manger, et, m'asseyant dans un coin, je me pris à commenter amèrement la situation.

L'homme que j'avais vu était-il Salcède ? Pourquoi non ? On peut se déguiser avec une barbe et une perruque blanches. Si ma première impression ne m'avait trompé ni au bois de Boulogne, ni sur le sentier de Flamarande, Salcède était en France. Il y était caché et déguisé, puisque pas une personne de sa connaissance ne l'avait vu et ne savait son retour. Avec l'aide d'Ambroise, il avait pu percer le mystère qui pesait sur Espérance ; il avait dû alors revenir à Paris, et, craignant d'écrire à la comtesse pour l'informer de cette grande découverte, il avait dû lui demander un rendez-vous par l'intermédiaire de madame de Montesparre. Je ne surveillais plus la remise des lettres aux personnes de la maison ; madame avait fort bien pu, depuis huit jours, s'entendre avec la baronne.

Ainsi le fait était accompli ! Madame de Flamarande savait tout, je n'avais plus rien à lui dire. Elle devait me haïr et me mépriser profondément. Quant à son mari, il devait lui être devenu odieux, et sa reconnaissance pour Salcède, pour l'homme qui lui rendait la joie de savoir son fils vivant, devait facilement avoir passé de l'enthousiasme à la passion.

— Il y a plus, me disais-je ; cette passion a pu naître pendant le dernier séjour de madame à Pérouse. C'est là déjà qu'elle a pu recevoir des lettres, qu'elle a pu être informée et, qui sait ? recevoir Salcède. Elle n'est pas revenue d'Italie si calme et si belle sans qu'une grande joie soit entrée dans son cœur et dans sa vie. Qui sait si elle n'a pas été à Flamarande avec Salcède et si elle n'y a pas vu son fils pendant que j'y étais ? Yvoine est aussi habile que moi. M. de Salcède l'est peut-être plus que nous deux. Si tout est consommé, que me reste-t-il à faire ?

Le plus simple et le plus logique eût été à coup sûr de suivre mon premier élan et de me confesser à madame, comme si elle ne savait rien. Je ne devais pas, dans ce cas, compter sur sa reconnaissance. Au lieu des paroles de bonté et d'affection que j'aurais pu mériter, j'aurais sans doute à essuyer les reproches du premier moment ; mais elle n'en eût pas moins reconnu vite que je m'étais dévoué à son fils, et que je m'y étais attaché au point de trahir le secret du comte. Au lieu de rester le bourreau et l'ennemi de cette mère si cruellement éprouvée, je devenais son soutien, une sorte de muet protecteur entre elle et son mari, un intermédiaire dévoué entre elle et son enfant.

Oui, voilà ce qu'il fallait faire ; mais un inexplicable sentiment de colère et de ressentiment m'en empêcha.

— N'ai-je pas été bien simple, me disais-je, d'avoir cru à la vertu d'une femme si habile à cacher ses émotions et si ardente à les satisfaire ? Où ai-je pris l'idée romanesque qu'elle était une victime digne de respect et de pitié ? quel voile avais-je donc sur les yeux quand j'accusais son mari de folie et d'injustice ? Après le châtiment qu'elle a subi et la menace d'être séparée de son second fils, aurait-elle l'audace de revoir Salcède et de tromper ainsi M. le comte, si elle n'avait pas été déjà une épouse coupable ? Oui, oui, M. de Flamarande a vu clair, Gaston est le fils de Salcède, et j'ai servi une vengeance bien fondée. Aurais-je la sottise de m'en repentir et la lâcheté d'en demander pardon ? Non certes ! J'ai été joué par elle, j'ai failli céder à son prestige, tomber sous son empire, me faire le serviteur du mensonge et de l'adultère ; mais c'est fini, bien fini : je la méprise et je la hais.

XLIII

Après deux heures de trouble et d'inexprimable
souffrance, je me remis en route sur la trace de
Salcède. Je me rendis au faubourg Saint-Honoré, à
son hôtel. Je savais que la maison était louée à un
banquier allemand, mais je pensais qu'il avait dû
y garder un pied-à-terre. Je m'informai. Il n'avait
pas conservé une seule chambre de son hôtel, et,
depuis près de trois ans, on n'avait pas reçu de ses
nouvelles. J'allai m'informer avec précaution chez
madame de Montesparre. J'étais assez lié avec mademoiselle Suzanne, sa fille de chambre, et je la
savais bavarde; mais elle n'était pas dans la confidence de sa maîtresse, elle n'était au courant de
rien, elle n'avait vu M. de Salcède ni à la campagne ni à Paris depuis son départ pour le nouveau
monde, trois ans auparavant. Il avait quitté la
France assez mal guéri, et madame la baronne
l'avait beaucoup regretté après l'avoir beaucoup

retenu ; mais elle paraissait en avoir pris son parti et se préparait à rentrer dans le monde.

Mes investigations de ce jour-là eussent été parfaitement inutiles sans l'idée qui me vint de demander à Suzanne si, après la mort de son père et sa maladie, M. de Salcède n'était pas très-changé.

— Changé? répondit-elle ; ah! je le crois bien! ses beaux cheveux noirs sont devenus tout blancs.

— Alors il avait l'air d'un vieillard?

— Non, il avait toujours sa belle figure jeune, et je crois même qu'avec sa tête *à frimas* il était encore plus beau et plus original ; mais, s'il est mort, comme c'est malheureusement probable, il a pu se faire teindre comme tant d'autres, et sans doute il n'y paraît plus.

Sûr de mon fait cette fois, je rentrai à l'hôtel Flamarande. Il était onze heures ; M. le comte, qui paraissait rarement à son club, y était allé ce soir-là. Madame était seule dans ses appartements ; après avoir assisté au coucher de Roger, elle avait défendu sa porte ; au dire de Julie, elle lisait.

Je priai Julie de demander pour moi un instant d'audience à madame, et peu d'instants après je fus introduit dans son petit salon. Quel sentiment me poussait à cette entrevue? C'était un besoin, vague mais impérieux, de souffrir, car mon intention n'était pas formulée dans ma tête troublée. J'étais à peine sûr du prétexte que j'allais donner pour avoir sollicité mon audience ; j'en avais préparé plusieurs, comptant choisir celui que m'inspirerait l'accueil de la comtesse.

Elle était toute vêtue de blanc avec des nœuds de moire rose pâle sur son peignoir à dentelles. Je la savais frileuse, ce n'était pas la robe de chambre qui convenait à la saison, je m'attendais à la voir vêtue de cachemire ouaté. Cette toilette légère et comme transparente me troubla. Elle avait dû se sentir mouillée et glacée en revenant de son rendez-vous. Son âme ou ses sens exaltés rendaient-ils son corps insensible ?

Elle lisait, c'est-à-dire qu'elle feignait de lire, car, en m'entendant ouvrir la porte, elle avait posé son livre au hasard devant elle. Pourtant, si elle était agitée, elle le cachait bien. Il était impossible de croire à des transports intérieurs en voyant le sourire tranquille avec lequel elle m'accueillit en me disant :

— Que désirez-vous, monsieur Charles ?

— Puis-je espérer, répondis-je, que je ne serai entendu que de madame la comtesse ?

— Mais certainement, si vous avez fermé la porte.

— Elle est fermée.

— Très-bien ; parlez, mon ami.

Puisqu'elle avait l'air si bon et si confiant, je résolus de l'attaquer par le sentiment pour savoir si elle me haïssait.

— Depuis quelque temps, lui dis-je, il m'a semblé que j'étais désagréable à madame la comtesse.

— Vous ? mais non, pas le moins du monde.

— C'est que, si je déplaisais à madame, je quitterais le service de M. le comte.

— Vous auriez tort. M. le comte tient à vous, et il a raison. Je serais désolée qu'il fût privé de vos soins. Il ne trouverait pas un homme aussi intelligent et aussi dévoué.

— Alors c'est par attachement pour monsieur que madame me tolère dans sa maison ?

— Je ne vous tolère pas, Charles, je vous estime.

— Ah! ce n'est pas possible, m'écriai-je. Madame ne pense pas ce qu'elle dit !

— Je ne comprends pas, reprit-elle en me regardant comme pour voir si je n'étais pas égaré; qui peut vous donner une pareille idée ?

— Beaucoup de propos qui ont été faits le printemps dernier à Sévines.

Elle répondit très-vivement :

— A Sévines, j'étais folle! Ne parlons pas de Sévines, vous savez bien que je n'avais pas ma tête. Vous aurais-je dit quelque chose de blessant? Je le regretterais beaucoup.

— Madame a été pour moi extrêmement bonne au contraire.

— Eh bien, alors ?

— Je me figure que depuis on a dû dire à madame que je la trahissais.

— Pourquoi aurait-on dit cela? Est-ce que vous êtes capable d'une mauvaise action ou d'un mauvais sentiment? Je ne le crois pas, moi.

— N'a-t-on pas dit à madame que je m'étais prêté à l'enlèvement...?

J'allais droit au fait, je m'y sentais entraîné par une force irrésistible; j'allais me confesser, mais non plus avec l'humilité du repentir ; j'allais avouer ma culpabilité pour lui faire entendre que je connaissais la sienne. Elle ne me donna pas le temps de parler. Elle se leva brusquement en me disant d'une voix émue, mais non irritée :

— Ne me parlez pas de cela, Charles! je vous en prie, et au besoin je vous le défends. Sévines m'a été fatal, j'y ai perdu mon enfant, et j'ai failli y perdre la raison. Vous m'avez plainte, je le sais, vous trouviez M. le comte trop sévère; mais moi, je ne me plains pas. Il m'a rendu service en m'empêchant de nourrir une illusion et en ne me cachant plus la mort tragique de mon pauvre enfant. A présent, je suis résignée, et, ainsi que mon mari me l'a prescrit, je supporte mon malheur avec dignité. Ne me rappelez donc pas ces déchirements, si, comme je le crois, vous m'êtes attaché. Restez chez nous et croyez que vous pouvez contribuer à ma consolation en soignant, en aimant Roger comme vous le faites. Ah! je devine maintenant pourquoi vous avez cette crainte de m'avoir déplu! Je vous ai reproché dernièrement de le gâter; je ne vous reproche rien, Charles, rien, entendez-vous? Je vous supplie de ne pas gâter trop Roger, mais aimez-le et ne le quittez pas, voilà ce que je vous dis sincèrement, car je le pense. Bonsoir, mon ami, ne vous tourmentez plus et croyez bien que je sais vous apprécier.

Elle ne me permit pas de répliquer un mot, car elle s'était levée et elle passa dans sa chambre, où dormait Roger.

Congédié avec ces paroles de bonté, je me retirai plus oppressé, plus mécontent d'elle et de moi qu'auparavant. Elle savait tout et ne daignait pas me faire de reproches. Je n'étais rien pour elle qu'une force aveugle au service de son mari. Si elle maudissait le bourreau, elle ne voulait pas qu'on s'en doutât, et elle ne s'en prenait pas à moi, l'instrument de torture ; désormais satisfaite et consolée, elle pardonnait, mais du haut de sa froide bienveillance et de sa systématique douceur. Ah! que la scène eût été différente, si elle m'eût laissé lui dire que je la savais coupable! C'est alors que je l'eusse vue peut-être encore à mes pieds.

— Eh bien, ce moment viendra, me disais-je. Je la suivrai et je l'observerai si bien que je la surprendrai avec M. de Salcède. Il faudra bien alors qu'elle sente en moi quelque chose de plus que l'espion de son mari, car celui-ci ne saura rien, et je la condamnerai tout seul. Je l'épouvanterai pour mon propre compte. Qu'elle s'humilie alors, qu'elle me demande grâce. Je pardonnerai, je lui prouverai que je suis quelque chose de plus qu'un bonhomme et un estimable domestique.

Dès le lendemain, j'allai voir la Niçoise pour savoir si, dès le temps où Gaston était avec elle dans sa montagne, elle n'avait pas été tâtée et questionnée par des étrangers. La Niçoise habitait Villebon à cinq lieues de Paris. Elle y était propriétaire et envoyait ses fruits et ses légumes à la halle. Je lui servais régulièrement sa rente, car, en outre du capital qui lui avait été donné pour s'établir, M. le comte lui faisait une pension pour porter un nom d'emprunt et ne jamais se faire connaître.

J'étais sans inquiétude sur son compte. Elle m'avait prouvé sa discrétion, et elle avait trop d'intérêt à se taire pour y manquer. Je ne l'avais pas vue depuis six mois et n'avais pas entendu parler d'elle. J'appris avec surprise qu'elle avait vendu sa maisonnette et son jardin. Elle avait quitté la campagne, on ne savait pas son adresse. Pourtant, à force de questionner et de m'informer, je découvris qu'elle habitait Paris, rue Neuve-des-Mathurins, 19. J'y courus le soir même, m'étonnant de n'avoir pas été averti par elle de ce changement de domicile.

Je fus introduit dans un joli petit appartement fraîchement décoré et trouvai ma Niçoise en robe de soie, coiffée en cheveux et chaussée comme une vraie Parisienne. Ce n'était plus une villageoise, c'était une petite rentière, vivant sagement et ne

13.

songeant qu'à bien élever son fils. Dès mon premier regard sur elle et sur son intérieur, je compris qu'elle avait vendu notre secret et je lui reprochai sa trahison.

— Je n'ai rien fait de mal, répondit-elle. On m'a découverte je ne sais comment. Je vivais tranquille à Villebon et ne me montrais jamais à Paris. On est venu me supplier, me menacer, me questionner. On m'a promis le double de ce que j'avais reçu de vous, et on a ajouté qu'on ferait plus tard un sort à mon fils. J'ai refusé; mais, quand j'ai vu les billets de banque et le monsieur si *comme il faut*...

— Un grand jeune homme avec des cheveux blancs?

— Justement; mais je ne sais ni son nom, ni son pays, ni où il demeure. Il me parlait du chagrin de cette pauvre mère à qui on cache toujours son fils, à ce qu'il paraît. J'ai cédé, je vois bien que vous allez me retirer ma pension, c'est votre droit et c'est juste. Je peux m'en passer, j'en ai une meilleure, car le capital est placé au nom de mon fils.

Je crus prudent de ne pas punir par l'amende la trahison de cette femme; elle nous abandonnait, mais elle ne nous dénonçait pas. Je me retirai en lui laissant croire que M. de Flamarande avait toujours l'intention de reprendre son fils, et que madame de Flamarande acceptait le retard apporté à cette décision. Je n'informai mon maître de rien, c'était facile. Il ne parlait pas volontiers de Gaston et ne faisait pas de questions sur son compte. D'ailleurs, j'avais pris mon parti : ne pas trahir la comtesse, ne plus jamais servir la vengeance de son mari, ne pas troubler le bonheur de la mère recouvrant son fils ; mais tourmenter et humilier la femme au bras de son amant.

Je m'attachai à ses pas, et je devins aussi habile à ce triste métier d'espion que pas un limier de la police. Il me répugnait et me fatiguait, mais une fièvre intérieure me poussait et me soutenait. Peine inutile ! madame ne retourna plus seule au bois de Boulogne ni à aucune espèce de rendez-vous. Toutes ses démarches bravèrent le grand jour. Elle n'alla pas voir madame de Montesparre et parut irrévocablement brouillée avec elle.

De toutes les lettres qu'elle écrivit et dont il me fut possible de voir la suscription, aucune ne fut adressée à la baronne, ni à Salcède, ni à aucune personne qui pût m'être suspecte. J'eus beau chercher M. de Salcède à Paris, il fut introuvable ; si je ne l'eusse vu de mes propres yeux, si je n'eusse appris qu'il avait les cheveux blancs, si la Niçoise, sans le connaître, ne m'eût révélé son action sur elle, je me serais cru visionnaire.

XLIV

Dans les premiers temps, après le rendez-vous que j'avais surpris et l'explication que j'avais tenté de provoquer, madame la comtesse, toutes les fois que je me trouvai en sa présence, me témoigna de la bienveillance et s'informa avec intérêt de ma santé, qui était redevenue chancelante. J'espérais lui inspirer un peu d'effroi ; mais, quand elle vit l'air contraint dont je recevais ses avances, elle reprit son grand air d'indifférence ou d'impassibilité.

Trois ans s'écoulèrent ainsi, moi la surveillant toujours, elle n'y prenant pas garde et déjouant toutes mes ruses par la franchise apparente d'une conduite exemplaire. Il est vrai qu'à Paris seulement, durant l'hiver, elle était obligée à cette prudence ; elle passait tous les étés dans sa terre de Ménouville en Normandie, et là elle n'était guère surveillée, car M. le comte n'aimait pas beaucoup ce séjour et faisait de fréquents voyages à Paris, où je le suivais toujours. La tranquillité de mon maître était extraordinaire après les violentes agitations qu'il avait subies. Il n'était plus jaloux et vivait dans les meilleurs termes avec sa femme, tout en s'occupant d'elle le moins possible. Dois-je avouer qu'il avait une maîtresse fort pimpante, une des reines du mauvais monde? Il faut bien que je dise tout dans cette véridique histoire où je me suis trouvé investi par ma conscience du rôle de magistrat instructeur. M. le comte avait besoin d'une intimité de ce genre : il lui fallait de la passion, de la jalousie, de la colère. Il en eut à souhait pour son argent, et je le vis en passe de se ruiner. Heureusement il fut vite supplanté et s'accommoda d'une personne de moindre appétit, d'un oiseau de moindre volée. Il eut son ménage chez elle, c'est-à-dire qu'elle fut titulaire d'un autre logis et qu'elle s'y trouva assez bien pour ne pas lui donner de graves sujets d'inquiétude.

Madame la comtesse le sut et ne parut pas s'en affliger; son indifférence fut pour moi une nouvelle preuve de son amour pour un autre ; mais que faire pour m'emparer de ce terrible secret? Au bout de trois ans, j'y renonçai ou du moins je voulus me persuader que j'y renonçais. Je me demandai pourquoi je me laissais ainsi dévorer par un vautour, et j'eus peur de trouver au fond de moi-même un sentiment dont je n'avais pas voulu, dont je ne voulais pas me rendre compte. Si j'ai été dupe de mes illusions, ma conscience ne me le reproche pas bien haut à l'heure qu'il est, car jamais je n'ai cédé à une pensée indigne d'un homme raisonnable et d'un fidèle serviteur. J'ai cru agir en vue de la morale et de la vérité, ce que je vais dire le témoignera de reste.

Je n'étais plus retourné à Flamarande, je n'écrivais plus aux Michelin, je ne recevais plus de nouvelles d'Ambroise Yvoine, Gaston m'était devenu plus qu'indifférent depuis que je me le représentais protégé et veillé de loin par sa mère, ou de près par M. de Salcède. Après avoir aimé cet enfant étranger à la famille, je l'oubliais, et, comme M. le comte, je le trouvais bien où il était; mais il me fallait chérir un enfant, moi! Il est étrange que, n'ayant jamais eu de goût pour le mariage, j'aie senti toute ma vie, depuis le drame de Sévines, l'amour paternel dominer ma vie. Je m'attachai donc avec une sorte de passion à celui que je regardais désormais comme le seul enfant de la famille. Je fis de Roger mon idole, mon maître présent et futur, mon orgueil et ma consolation. A force d'être gâté, il devenait adorable, car les enfants, quoi qu'on en dise et qu'on en pense, ont besoin de se sentir aimés pour devenir aimants. Je rendais bien justice à sa mère, elle le chérissait ardemment, passait sa vie près de lui et semblait ne vivre que pour lui; mais se soumettrait-elle toujours à l'obligation de lui sacrifier son autre fils ? Un jour ne viendrait-il pas où elle relèverait la tête, où elle se plaindrait d'avoir été outragée par les soupçons de son mari, où elle invoquerait au besoin l'appui des lois pour faire reparaître l'enfant exilé et pour faire valoir ses droits à la succession de son père légal ? Dans cette hypothèse, ce serait au tour de Roger d'être sacrifié ; il perdrait son avantage de fils unique, son titre et la moitié de sa fortune. Le fils de M. de Salcède devenait par droit d'aînesse le comte de Flamarande et peut-être le vengeur irrité de sa vie d'exil et d'abaissement. Peut-être serait-il l'ennemi, le persécuteur autorisé de mon cher Roger !

C'est cette crainte-là qui maintenait mon dépit contre la comtesse de Flamarande. Je craignais le réveil de cette tendresse maternelle étouffée par la volonté, soutenue par l'espoir d'une éclatante réparation. Voilà pourquoi j'aurais voulu avoir des preuves contre elle, afin de pouvoir lui dire en temps et lieu : « Soumettez-vous à l'arrêt de votre mari, ou je vous livre au jugement de l'opinion »

Enfin je me calmai. Les preuves n'arrivaient pas. J'en étais réduit à me dire que madame la comtesse était beaucoup plus forte que moi pour mener une intrigue et cacher un secret.

XLV

Je me tenais tranquille depuis longtemps, découragé et n'observant presque plus rien, lorsque M. le comte eut affaire en Angleterre et s'y rendit sans me prescrire de l'accompagner. Je crus deviner qu'il voulait y installer sa maîtresse, et que ma présence le gênait. Je ne lui avais pas dissimulé combien je blâmais cette liaison et combien peu de cas je faisais des femmes entretenues. Il me laissa donc à Paris auprès de madame la comtesse, qui était souffrante d'une bronchite et qui attendait d'être guérie pour retourner en Normandie avec le printemps; mais, au lieu de guérir, elle parut plus malade et garda souvent la chambre. Julie n'était plus à son service. Elle avait voulu se marier, et madame lui avait fait un sort. Elle l'avait remplacée par mademoiselle Hurst, une vieille fille anglaise, qui parlait couramment plusieurs langues étrangères et qui était fort utile à Roger. Hélène Hurst était une personne douce et froide, qui parlait le français avec difficulté et avec répugnance, disait-elle, mais qui au fond n'aimait pas la conversation et se méfiait de moi. Il m'était devenu à peu près impossible de savoir à quoi s'occupait madame, et si elle était malade en réalité.

Une fois elle gardait la chambre et même le lit, au dire d'Hélène, lorsque, me sentant surpris et impatienté de cette claustration, je me hasardai à montrer de l'inquiétude et à demander pourquoi Hélène n'appelait pas le médecin.

— Madame ne veut pas, répondit l'Anglaise ; elle suit ses prescriptions, elle se préserve du froid et s'abstient de parler.

Là-dessus elle me tourna le dos et entra dans l'appartement de madame, portant une théière et fermant soigneusement chaque porte après elle.

Je n'avais aucun prétexte pour la suivre, et jamais je ne pénétrais dans les appartements de madame ; je n'avais même plus l'occasion de la voir, car je ne menais plus Roger à la promenade. Il avait huit ans, et M. le comte lui avait donné un précepteur, bien qu'il n'en eût aucun besoin et que sa mère lui eût donné autant d'instruction que son âge en comportait. Ce précepteur était une espèce de prêtre étranger, espagnol autant qu'on en pouvait juger par un léger accent. Il était ponctuel, doux, calme, nullement fanatique, et muet comme un coffre avec les gens de la maison. Impossible de savoir s'il plaisait ou déplaisait à madame. Il avait été choisi par monsieur; il n'y avait pas de conflit apparent au sujet de l'éducation de Roger.

L'enfant demeurait toujours auprès de sa mère. Il prenait ses leçons dans le salon particulier de madame, et l'abbé le promenait quand elle ne pouvait pas sortir. Il prenait ses repas avec elle. L'abbé logeait et mangeait dehors. A partir de six heures du soir, on ne le voyait plus. Il demeurait fort près de nous ; mais je savais qu'il ne rentrait à son logis que vers dix heures du soir.

Inquiet de la disparition de madame, car il y avait quatre jours déjà qu'elle ne bougeait pas, je me décidai à interroger l'enfant, un matin que je le trouvai galopant sur son cheval de bois dans la galerie. Il parut surpris de mes questions.

— Maman va bien, me dit-il, elle est au lit.

— Est-ce qu'elle mange un peu ?

— Certainement. Comment vivrait-elle, si elle ne mangeait pas ?

— Vous déjeunez toujours avec elle ?

— Non; depuis... depuis je ne sais pas combien de jours, elle mange dans son lit, et moi avec Hélène dans le salon.

— Mais vous la voyez souvent, tous les jours ?

Roger me regarda, étonné et confus, comme si je le faisais ressouvenir de sa mère absente et déjà oubliée.

—Je vais l'embrasser, me dit-il.

Et il sortit en courant.

Je ne le retins pas. Il me répugnait de faire constater par ce cher enfant l'absence de sa mère, ou de l'amener à la trahir. Je le revis dans la journée et ne lui demandai rien. Je me reprochais d'en avoir déjà trop dit. Je me rassurai en le retrouvant gai et pétulant comme à l'ordinaire.

Deux jours se passèrent encore ainsi. Le cuisinier préparait les minces repas de la malade. Le valet de chambre de madame les portait dans l'antichambre et les remettait à Hélène, qui déposait les assiettes vides au même endroit. Les visites étaient consignées à la porte sans exception. On avait ordre de dire que madame était sortie et même partie pour la campagne. Le médecin vint et s'en retourna, la croyant guérie.

Le lendemain, Roger vint à moi dans la galerie, il avait l'air soucieux, et j'en fis la remarque.

— Dis-moi, s'écria-t-il en me jetant les bras au cou, si, quand une personne est malade, c'est qu'elle est fâchée ?

Et, comme je ne comprenais pas, il ajouta :

— Maman ne veut plus que je la voie et que je l'embrasse.

— Est-ce que vous ne l'avez pas embrassée hier ?

— Ni hier, ni ce matin, ni les jours d'avant. Je l'ai bien vue couchée sur son lit avec sa grande robe blanche, mais elle regardait du côté de la muraille, et, quand je lui ai parlé, elle n'a pas bougé. Ça m'a fait peur, je me suis mis à crier; Hélène est venue me prendre et m'a dit : « Si vous criez, vous ferez mourir votre maman ! » Et elle m'a donné un pantin bien drôle, ce qui m'a consolé, comme tu penses. Mais, ce matin, elle a voulu m'empêcher d'entrer, et j'ai pleuré encore; j'ai même pleuré bien fort pour que maman entende, et pourtant elle n'a pas bougé, elle n'a pas dit : « Qu'est-ce qu'il a donc ? Ne le contrariez pas. » Peut-être que maman est fâchée parce que je lui fais du bruit, ou peut-être qu'elle est morte et qu'Hélène ne veut pas me le dire.

Les craintes de l'enfant se communiquèrent à moi, et je ne sus que lui répondre. Alors il se mit à sangloter et à répéter :

— Maman ! je veux voir maman !

Je le conduisis à Hélène, qui le prit et l'embrassa en disant :

— Oui, oui, vous verrez maman.

Et elle me ferma brusquement la porte au visage.

J'interrogeai Paul, le valet de chambre de madame.

— Je suis inquiet, lui dis-je; si madame est sérieusement malade, mon devoir serait d'écrire à monsieur.

— Je n'en sais pas plus que vous, répondit Paul, je n'entre jamais dans la chambre de madame. C'est

Hélène qui fait tout son service. Écrivez à M. le comte, si vous croyez devoir le faire; moi, je ne me permettrai pas cela. Je sais qu'Hélène est tranquille et ne montre aucune tristesse, qu'elle amuse le petit dans le salon, et qu'il y fait grand train, chose qu'on ne lui permettrait pas, si madame était bien malade.

Je n'osais montrer mes doutes, mais j'étais convaincu que madame n'était pas dans la maison depuis huit jours, et qu'Hélène mettait un paquet de lingerie sur son lit pour simuler aux yeux de Roger une personne couchée.

Pour moi, cette absence mystérieuse était un fait avéré d'inconduite.

J'aurais pu écrire au mari, faire chasser la confidente. Je ne voulais pas persécuter madame. Je me tins tranquille, mais j'observai attentivement l'heure de son retour, car il fallait bien qu'elle rentrât, ce qui était plus difficile que de sortir sans être observée.

Le soir même, vers dix heures, comme je me tenais en observation, tantôt dans l'avant-cour, tantôt devant la loge, où je feignais de jouer avec le chien, je vis une femme voilée, mal vêtue, et qui paraissait courbée par l'âge, passer sans rien dire devant la loge du suisse et monter l'escalier de service du premier pavillon de droite, celui qu'occupait la comtesse.

Je m'élançai sur ses traces.

Malgré son dos voûté et sa démarche traînante, elle monta si rapidement qu'au moment de la rejoindre, je vis se refermer la porte de l'office, par où elle venait d'entrer.

XLVI

Je retournai vivement admonester le suisse pour avoir laissé monter une personne inconnue.

— Je la connais très-bien, répondit-il ; c'est la tante de mademoiselle Hélène. Elle vient la voir très-souvent. C'est une vieille Anglaise très-honnête.

Que faire et que dire, à moins de provoquer un scandale ? J'étais pourtant sûr de mon fait ; mais quelle preuve pouvais-je invoquer ?

Le lendemain matin, Roger avait vu et embrassé sa mère ; il était gai et heureux. Le médecin fut appelé. Selon Hélène, madame se sentait beaucoup mieux et voulait demander au docteur si elle pouvait se lever et prendre l'air. Il vint, trouva sa malade guérie, ordonna une promenade en voiture, et conseilla le départ pour la campagne.

Je m'étais pris d'une apparente amitié pour le bouledogue du suisse, j'avais un prétexte pour surveiller la cour et la porte de l'hôtel. Madame sortit à une heure avec Roger, Hélène et l'abbé. Elle était fraîche comme une rose; elle n'avait pas été malade. Pourtant, si elle s'était rendue à Flamarande, elle devait être fatiguée; mais la joie de voir Gaston et celle de retrouver Roger l'avaient empêchée de le sentir.

Étais-je fou ou avais-je deviné juste?

— Si elle a été à Flamarande, pensais-je, c'est là que je dois aller chercher la vérité. Si elle y a été seule, je l'absous; mais, si elle y a été avec Salcède, je reprends ma tâche. Je cherche une preuve et je la garde pour sauver Roger du partage qui le menace.

J'étais libre de mes actions, car, depuis que M. le comte était occupé de ses maîtresses (que je ne voulais servir en aucune façon), je n'étais plus dans sa maison qu'un fonctionnaire de luxe. Je partis donc pour l'Auvergne au moment où madame la comtesse partait pour la Normandie. Je passai par Montesparre afin de savoir si la baronne y était. Dans ce cas, on pouvait supposer qu'elle avait suffi pour favoriser l'entrevue entre la comtesse et son fils. Je m'informai prudemment. La baronne était attendue. Il n'y avait encore personne chez elle.

La saison était encore fraîche le soir et le matin; mais dans la journée le soleil donnait une douce chaleur, et le ciel d'un bleu vif, rayé de légères bandes blanches comme de l'écume, était admirable. La neige, en partie fondue, laissait à découvert de vastes espaces d'un vert frais, et les ruisseaux, débarrassés tout récemment de leurs aiguilles de glace, bondissaient et jasaient joyeusement. Les torrents, gonflés par cette subite fonte des neiges, avaient des cascades imposantes. Je n'avais jamais vu le pays aussi beau que dans ces jours du printemps tardif mais soudain et énergique de la montagne. J'eus donc du plaisir à marcher dans la traverse difficile de Montesparre à Flamarande.

J'étais parvenu vers trois heures de l'après-midi à une courte distance du manoir lorsque je vis s'ouvrir à ma gauche un sentier frayé que je n'avais jamais remarqué, bien que j'eusse souvent chassé dans tous les environs du château. Comme j'ai une très-bonne mémoire locale, je fus bientôt certain que ce sentier n'existait pas lors de mon dernier séjour à Flamarande, et, comme j'étais à l'affût de toute découverte favorable à mes recherches, je m'enfonçai résolûment dans ce sentier, qui gravissait le rocher par des gradins naturels et aboutissait à une sorte d'impasse.

J'allais revenir sur mes pas lorsque je vis que la roche avait été entamée par la pioche, et qu'il était facile d'en gagner le faîte.

— Si je ne me trompe, pensais-je, ceci doit aboutir au cirque de Mandaille et aux sources de la Jordanne. J'avais calculé juste Après avoir gravi plusieurs monticules superposés, je me trouvai en face

14

d'un amphithéâtre de laves que je n'avais jamais exploré, mais que j'avais vu plusieurs fois des hauteurs environnantes. C'était un désert dans le désert de ces montagnes ; aussi fus-je vivement frappé en découvrant à quelque distance en avant de moi une petite construction qui n'y était pas trois ans auparavant. C'était une maisonnette rustique plus élevée et mieux bâtie que celles du pays. Une habitation nouvelle dans une région sans habitants me parut chose assez remarquable et digne d'une sérieuse attention. J'approchai comme par hasard, et, ne voyant personne, je jetai un regard sur l'enclos. Ce n'était qu'un fouillis d'arbustes et d'arbres de la montagne, pins, sorbiers, hêtres, sureaux et châtaigniers, croissant pêle-mêle comme si le propriétaire, ayant acheté ce petit bois, n'avait pas encore eu le temps d'en faire un jardin et de le renfermer.

Enfin j'aperçus une éclaircie et vis, vers le milieu, une sorte de petite lande bossuée couverte de plantes sauvages, sans aucune trace de culture. Je gagnai la maison et dus la tourner pour trouver la porte, qui n'était pas sur le sentier, et dont on ne pouvait approcher qu'en traversant le ruisseau sur des blocs de rocher disposés en manière de pont. Rien de joli et de pittoresque comme cette habitation rustique. Le bâtiment carré était des plus insignifiants ; mais le site était ravissant pour moi, qui avais peu à peu appris à comprendre la nature. Les gazons, tout semés de fleurs, s'abaissaient d'un côté jusqu'au lit du petit torrent, et de l'autre se relevaient en pente mollement sinueuse jusqu'aux premières assises rocheuses de la montagne. Les massifs d'arbres étaient si bien disposés et si bien éclairés par le soleil, qu'on se serait cru dans un jardin anglais savamment aménagé pour imiter la nature en ce qu'elle a d'élégant, de frais et de pur dans les endroits privilégiés. Il n'y avait pourtant pas ce qu'on appelle des points de vue. La montagne formant impasse présentait un cirque peu élevé qu'on pouvait embrasser d'un coup d'œil. Les bois qui marquaient la limite entre les derniers étages de la prairie et la roche nue formaient une ceinture irrégulière du plus charmant effet ; plusieurs ruisseaux, les sources du torrent de Jordanne, bondissant des hauteurs en minces cascatelles, se réunissaient à peu de distance de la maisonnette pour se diviser encore au delà et former d'autres cascades dont les notes différentes se mariaient en une sauvage et pourtant douce harmonie. Ce que j'avais pris pour un enclos n'était qu'une petite île inculte.

Au-dessus des brèches volcaniques qui fermaient l'enceinte apparaissaient les cimes de montagnes plus élevées : le puy Marie, les puys Griou et Chavaroche. De ce côté-là, il paraissait impossible de sortir de l'impasse ; mais, vers le midi, par un interstice des collines boisées au milieu desquelles

les différents ruisseaux de la Jordanne s'étaient creusé des gorges et des ravines pleines de végétation et de fraîcheur, j'entrevis le rocher de Flamarande, à environ un kilomètre de distance à vol d'oiseau. Sa base plongeait dans une brume qui témoignait des chûtes plus importantes de la Jordanne autour du massif ; le haut du donjon se découpait nettement dans le ciel, et je ne pouvais m'y tromper. S'il y avait par là un sentier praticable, je pouvais être rendu en dix minutes au vieux manoir.

XLVII

Le soleil était encore assez haut pour me permettre d'explorer ce charmant et singulier refuge, sans crainte d'être surpris par la nuit dans les difficiles sentiers qui m'y avaient amené et qui eussent été encore plus difficiles à reconnaître dans l'obscurité. J'étais un bon piéton et je grimpais adroitement, mais je n'avais pas l'œil montagnard, qui perce les ténèbres. Je ne voulus pas quitter cette demeure isolée, qui m'intriguait, sans l'avoir explorée autant que possible. Est-ce là que se cachait la comtesse de Flamarande quand elle venait secrètement voir son fils?

Sans doute Ambroise Yvoine était son confident et le gardien de cette maison, qui paraissait habitée. Pourtant je n'apercevais ni une figure humaine, ni un chien, ni un animal quelconque; les volets étaient clos, car il y avait d'épais volets de bois aux fenêtres d'en bas. Ce rez-de-chaussée, si on peut l'appeler ainsi, était situé à la hauteur d'un entresol de Paris. Tout le pied du petit édifice était ou paraissait être un massif de forte maçonnerie destiné à résister aux crues du torrent ou à préserver les chambres de l'humidité. En examinant ce massif, je découvris bientôt qu'il était d'une construction ancienne, et même certains détails dans les matériaux et dans le mode d'emploi me firent juger que cette construction, contemporaine de celle de Flamarande, n'était qu'une ruine restaurée, peut-être une annexe détachée du manoir, et dont les débris oubliés, perdus dans la verdure, avaient échappé longtemps à mon attention.

Je fus encore plus sûr de mon fait quand je me trouvai assez près de la porte pour en examiner l'architecture massive, qui pouvait remonter au xiie siècle. C'était exactement la même porte que celle de la poterne de Flamarande. En elle-même, la porte était moderne, taillée en planches de pin, et n'annonçait, par son épaisseur, aucune méfiance des dangers de la solitude. En y portant la main, je vis qu'elle n'était pas fermée, car elle s'ouvrit presque devant moi, sans crier sur ses gonds, sans faire résonner aucune sonnette.

Devant moi s'ouvrait un escalier étroit et raide, recouvert d'un bon tapis de sparterie qui dissimulait l'ébréchure des marches. Un peu plus haut, ces marches étaient en bois, le tapis était en laine, un vieux tapis, mais précieux, de ceux qu'on appelait verdures d'Auvergne. Cela devait provenir du château de Flamarande, où j'en avais vu de semblables servant de tentures de lit dans les chambres occupées par les fermiers.

Je montai sans bruit et me trouvai en face d'une porte entr'ouverte. J'avançai la tête. Je vis une pièce déserte, très-simplement décorée, mais d'un goût et d'un confort qui n'étaient pas le fait d'une famille de paysans. Il n'y avait qu'une chambre à chaque étage. Celle-ci pouvait servir à la fois de salon et de réfectoire. Je l'examinai curieusement. Cette partie de l'édifice était entièrement neuve. Une seule fenêtre qui, par parenthèse était ouverte, sans aucune espèce d'ornement extérieur, éclairait discrètement ce réduit, capitonné en toile grise, bordé de torsades et de glands bleus. Une bonne cheminée de lave doublée de fonte était pleine de fagots et de pommes de pin qui devaient prendre feu en un instant. Les meubles étaient pareils à la tenture; aucune gravure, aucun tableau, rien qui pût trahir les souvenirs ou les goûts du propriétaire; sur le carreau formé de laves, un épais tapis de peaux de mouton à longue laine, bien blanc et tout neuf, comme tout le reste de l'ameublement.

De la fenêtre, on dominait tout le paysage et tout le petit enclos. Je constatai encore qu'il n'y avait pour tout jardin que le sol vierge de la montagne avec ses ruisselets capricieux et sa magnifique végétation. Quelques sentiers sinueux, des pierres bien disposées pour franchir les petits cours d'eau, quelques arbustes étrangers à la contrée, mais plantés comme au hasard ou à titre d'essai; pas un légume, pas de parc ménagé pour quelque bétail, pas une poule; rien qui sentît le besoin de l'exploitation ou le souci de la vie matérielle. On s'était fait là un nid chaud et tranquille en plein désert et en pleine nature.

Je remarquai encore que, s'il y avait des troupeaux épars sur les hauteurs environnantes, ils étaient à une grande distance et ne descendaient plus comme autrefois dans cette partie du cirque de Mandaille, et je me rappelai que cette région n'était plus, depuis la Révolution, une dépendance de la terre de Flamarande. C'était un communal aliéné apparemment à un particulier depuis que je n'étais venu au pays. Évidemment, la solitude avait été si bien établie, que madame la comtesse pouvait, sous un simple déguisement, venir là, y rester quelques jours et en repartir sans que personne en eût connaissance. J'avais fait quelque chose de plus difficile en amenant Gaston, à l'insu de tous, au manoir même de Flamarande.

J'en étais là de mes réflexions, lorsque j'entendis grincer une forte serrure au-dessous de moi. C'était l'unique porte de l'habitation que l'on fermait. Entrait-on ou se disposait-on à sortir? Je me hasardai à regarder par la fenêtre. Je vis Ambroise Yvoine, qui mettait la clef dans sa poche comme un homme qui va à la promenade. Il eût pu me voir en levant la tête. Je me retirai précipitamment et j'entendis, au claquement de ses sabots sur la roche, qu'il s'éloignait. Je pouvais maintenant le voir sans avancer la tête. Il marchait dans la direction de Flamarande, laissant sur sa gauche celle que j'avais prise pour pénétrer dans cette solitude. Il y avait donc par là une communication plus directe.

Évidemment j'étais prisonnier à l'insu d'Yvoine. Habitait-il cette maison ou venait-il seulement donner de l'air aux appartements? J'avais dû entrer sans qu'il me vît, j'avais dû me croiser avec lui sans le voir.

Étais-je enfermé là pour quelques heures seulement? reviendrait-il le soir ou dans quelques jours? Ma situation pouvait devenir inquiétante. Dans ce désert, il paraissait tout à fait inutile de crier et d'appeler, car la voix des bergers et les aboiements des chiens de la montagne n'arrivaient pas jusqu'à moi, et je ne pouvais les distinguer que comme des points épars dans l'herbage.

Mais il n'est pas difficile de descendre d'un entre-sol, même sur un mur lisse et recrépi, pour peu que l'on ait une corde ou un drap de lit. Les rideaux de la fenêtre pouvaient au besoin me servir. D'ailleurs, puisque j'avais trouvé la fenêtre ouverte, Yvoine viendrait certainement la refermer avant la nuit. Je me tranquillisai et même je songeai qu'il fallait mettre le temps à profit pour chercher dans cette maison le secret de madame de Flamarande, non pas seulement ses visites à son fils, je ne pouvais plus douter du fait et j'étais résolu à ne pas y apporter d'obstacles, mais ses relations avec Salcède, dont je comptais acquérir la preuve.

Elle était là ou nulle part au monde, cette preuve qui devait être pour moi la garantie de Roger contre les empiétements de l'avenir. Il fallait la trouver, il fallait explorer minutieusement le *refuge*. J'ignorais encore que tel était le nom de cette habitation, qui, jadis, avait été en effet une dépendance du manoir.

Je montai résolûment à l'étage supérieur, où une autre pièce s'ouvrait sur l'escalier de bois garni là d'une simple natte. La porte n'était pas fermée à clef. Je pénétrai dans une sorte de cabinet de travail des plus simples : une grande table de bois blanc, un bureau en chêne, un fauteuil de cuir avec une chaise élevée à côté. Le long des murs, des rayons chargés de livres et d'herbiers ; — cela sentait le Salcède. Toute la flore des montagnes était là. Il y avait aussi des cadres d'insectes et des échantillons minéralogiques. C'était le cabinet d'un naturaliste. Ces études étaient fort étrangères à madame Rolande. Donc, j'étais chez M. le marquis de Salcède.

Je montai encore et ne trouvai qu'un petit grenier rempli de gros échantillons minéralogiques, de bottes de plantes sauvages séchées avec leurs graines, des caisses, des malles, des armes et des chaussures de chasse ; aucune adresse sur les caisses, aucune malle dont je connusse l'origine, aucun carton, aucun vestige de la présence d'une femme.

Je redescendis au cabinet de travail. Je ne voyais de lit nulle part, je découvris enfin celui du naturaliste, caché par un panneau mobile de sa bibliothèque et formant alcôve dans l'épaisseur de la muraille. Ce lit, assez recherché, trahissait un reste des habitudes de l'homme du monde. Ce n'était point Ambroise qui couchait là.

Au salon, même perquisition me fit découvrir une alcôve pareille derrière un panneau de boiserie et un lit encore plus recherché avec oreiller, draps blancs très-fins pliés sur le matelas de grosse soie blanche, oreiller garni de dentelles, couvre-pieds de satin ouaté de duvet. C'était bien là le lit d'une femme élégante ; mais pas un chiffon, pas un ruban, pas une épingle oubliée.

Je remontai chez Salcède et portai toute mon attention, d'abord sur la grande table ; devant le fauteuil, un livre ouvert ; devant la chaise élevée, un cahier à moitié écrit d'une écriture enfantine très-ferme et d'une orthographe presque irréprochable ; sur la couverture le nom d'Espérance. C'était un cahier de dictées. Le gros livre était un traité de géologie.

Pas de doutes possibles. M. de Salcède s'était fait le précepteur de Gaston. Gaston venait là tous les jours prendre ses leçons; mais il n'y était pas venu depuis une quinzaine, car chaque dictée était datée, et l'encre du petit encrier qui servait à l'enfant était sèche; j'en conclus que l'enfant avait été ou absent ou malade. Dans le premier cas, on l'avait conduit à sa mère; dans le second, sa mère était venue le voir.

J'abordai alors la chose importante, le bureau de M. de Salcède, placé dans l'embrasure de la fenêtre, qui était assez profonde, la partie neuve de l'édifice ayant l'épaisseur qu'il avait dû avoir autrefois. Il n'y avait pas de serrure à ce meuble de fabrique moderne. Il s'ouvrait au moyen d'un secret; mais il n'y a pas de secret de ce genre pour un valet de chambre investi, comme je l'étais, de la confiance de son maître. En un instant, je trouvai la combinaison, et le meuble fut ouvert sans effraction et sans bruit.

Le cœur me battait à se rompre. Je m'étais tellement monté la tête pour le maintien des droits de Roger que je n'étais en cet instant la proie d'aucun scrupule. Je craignais simplement d'être surpris avant d'avoir pu saisir la preuve de la vérité. Le soleil touchait déjà la cime dentelée des montagnes; il jetait un vif éclat, mais la nuit viendrait vite dans le cirque, on rentrerait sans doute... Je n'avais plus un moment à perdre.

XLVIII

La première pièce qui me tomba sous la main fut une lettre datée du matin même et adressée à madame de Montesparre à Paris; elle était sous enveloppe, non encore timbrée ni scellée.

« Le Refuge, 18 mai 1850.

» Admirable et généreuse amie, dites-*lui* qu'il n'y a pas eu et qu'il n'y aura pas de rechute. *Il reprend ses fraîches couleurs, il commence à sortir dans le sauvage jardin du manoir. Si on le laissait faire, il irait plus loin. Dans bien peu de jours, il pourra revenir prendre ses leçons au Refuge.* Si j'apercevais chez lui la moindre fatigue, j'irais les lui donner au donjon. Ambroise ne le quitte pas et lui est fidèlement dévoué; mais le sommeil du digne homme est moins léger que le mien, et, jusqu'à présent, j'ai passé les nuits près de *lui*. Je suis venu aujourd'hui chez moi pour répondre à votre chère lettre. Je retourne au donjon ensuite, et demain je coucherai enfin dans mon lit, car mes soins sont complétement inutiles, et je commence à sentir un peu de fatigue. Vous pouvez donc m'écrire maintenant au Refuge. Nous avons décidément un facteur rural qui connaît fort bien le chemin de ma demeure, et qui ne se plaint pas d'avoir cette petite course en plus dans sa journée.

» Je ne vous dirai rien de ma situation morale. *La* voir pendant trois jours et penser au temps éloigné peut-être où je la reverrai... Je n'y veux point penser ! J'ai juré de ne pas quitter son fils, je me l'étais juré à moi-même avant de m'engager envers elle, je resterai. Ma vie ne m'appartient plus, elle lui sera à jamais consacrée. Vous le savez, vous m'approuvez, vous me secondez. Ah ! ma chère Berthe, quel cœur vous avez et quelle amie vous êtes ! Sans vous, je serais mort idiot ou furieux, et maintenant que, après ma longue agonie et mes tristes voyages, je suis redevenu un vivant, c'est à vous que je dois d'être un vivant utile, une force réparatrice ! Jouissez donc de votre ouvrage. Je ne sais si je suis toujours malheureux, mais je sais que je ne suis plus ni faible ni désespéré. Ce n'est pas être malheureux d'ailleurs que de vivre avec une souffrance. Le bonheur ne consiste pas dans l'absence des maux, il est uniquement dans la grandeur ou dans la beauté de l'idée qui nous les fait supporter. Je ne suis point lâche, et, si j'ai tant souffert, c'est que j'étais mécontent de moi-même. Depuis que je répare, je sens revenir ma fierté de vivre et cette sorte de joie qui consiste à atteindre un but digne de soi.

» Elle vous aura dit avec quel bonheur elle a pu embrasser son fils sauvé. Ce qu'elle ne vous aura pas dit, c'est l'héroïsme avec lequel, toute seule et par une saison encore rigoureuse chez nous, elle a traversé nos neiges et nos ravins pour venir soigner le cher malade. Je n'avais rien pu combiner pour lui rendre le voyage moins pénible; je ne voulais pas quitter l'enfant, même pendant une heure. Ambroise ne savait pas plus que moi à quel moment précis elle arriverait. Il l'a attendue une nuit entière auprès de Montesparre, mais sans se montrer au village, où il est connu. Caché avec sa petite charrette dans un taillis, il a guetté et recueilli la pauvre voyageuse. Le malheureux mulet, le seul qu'il eût pu se procurer secrètement, était presque mort de faim et de froid. Il ne marchait pas; elle a marché, elle, d'un pas rapide et résolu en prenant par des sentiers à travers les abîmes. Ambroise, l'ayant perdue de vue, a été fort inquiet; enfin, lorsqu'il est arrivé, il l'a trouvée au chevet de l'enfant. Pauvre femme! elle n'a pu se défendre de le couvrir de ses baisers et de ses larmes en l'appelant son fils; et lui, souriant et rayonnant dans sa pâleur, il lui a dit d'une voix faible :

» — Ma mère, ma mère, à moi !

» Heureusement nous étions seuls dans le donjon. Elle a pu y rester cachée les jours et les nuits suivantes, se retirant dans le tourillon que j'ai fait arranger un peu, au moment où les Michelin venaient voir l'enfant. Ces braves gens n'ont donc rien su de cette visite et *elle* a pu partir comme elle était venue, la nuit, sans être observée. Cette fois, Ambroise ayant pu prendre ses mesures, l'a conduite jusqu'à Saint-Sernin, où elle a pris la diligence du matin. *Elle* devait être brisée ! Pendant trois jours et trois nuits, je ne crois pas qu'elle ait dormi un instant, même sur le matelas que j'avais fait mettre pour elle dans la tourelle du donjon. J'espérais que, pendant les visites des Michelin et du médecin, elle dormirait quelques instants. Non ! je la retrouvais debout, regardant et écoutant à travers la serrure. Elle touchait à peine aux aliments qu'on apportait pour moi. Elle n'avait ni faim ni soif, ni sommeil ni lassitude. Elle n'était pas même pâlie par la fatigue ; elle voyait son enfant, et il était sauvé !

» — Comment ferais-je pour souffrir de quelque chose, me disait-elle, quand j'ai tant de joie et de bonheur ?

» Je l'ai suppliée en vain d'aller, avant de repartir, prendre une nuit de véritable repos au Refuge ; je n'ai pu l'y faire consentir.

» — Tous les instants de ma vie, disait-elle, appartiennent à *lui* ou à *l'autre*; je ne me reposerai jamais qu'auprès de l'un d'eux.

» Depuis qu'elle est partie, malgré toutes nos précautions, on soupçonne quelque chose à Flamarande. L'enfant a encore eu un léger accès de fièvre, et il a demandé sa mère, *sa belle jolie mère* qui venait *les autres fois* auprès de son lit. La petite Michelin était près de lui en ce moment, et lui a dit :

» — Ta mère ? tu as rêvé ça. Tu n'as pas de mère, toi.

» — Si fait, j'en ai une à moi.

» — Et comment donc est-elle faite ?

» — Elle est faite comme les autres femmes.

» — Non, c'est une dame, puisqu'elle t'envoie beaucoup d'argent et de cadeaux.

» — Ce n'est pas une dame, elle est habillée comme toi.

» J'étais présent à cet entretien. J'ai dit à la petite Michelin qu'Espérance avait rêvé et qu'il n'était venu personne. Elle l'a cru, mais Espérance ne le croit pas ; sa mémoire restera probablement fidèle cette fois-ci. J'ai réussi à lui faire, sinon comprendre, du moins promettre de garder cette croyance pour lui. Malgré cette promesse, qu'il a tenue avec la volonté qui caractérise son admirable nature, la famille Michelin a une idée vague de quelque visite mystérieuse. Une autre des filles

Michelin prétend avoir regardé un soir par une fente de la porte au moment où elle apportait une tisane au malade, et avoir vu dans la chambre du donjon une grande belle paysanne qui a *fondu dans l'air* au moment où la porte a été ouverte. Les parents disent que c'est une vision. Les enfants aiment mieux croire à la vieille légende qui fait apparaître une dame blanche dans la tour de Flamarande. Ils ajoutent qu'elle revient pour protéger Espérance, et que c'est signe de prospérité pour la maison.

» Chère amie, le facteur n'emportera ma lettre que demain ; l'heure est passée pour aujourd'hui. J'y ajouterai un *post-scriptum* s'il y a lieu. Je vais, comme tous les jours, dîner chez les Michelin, et je passerai encore cette nuit au manoir. A vous de toute mon âme.

» ALPHONSE. »

Cette première lettre lue, cette première preuve acquise, je me sentis tout à fait calme et en mesure de procéder à un inventaire complet des papiers de M. de Salcède. Il ne devait rentrer chez lui que le lendemain. J'avais toute la soirée et toute la nuit pour me livrer à mes recherches en toute sécurité. La lettre me renseignait sur toutes choses. L'exploration de la maison m'avait prouvé que maître Yvoine n'y avait pas de gîte. Il vivait au donjon, auprès de l'enfant, que M. de Salcède avait fait installer là comme étant un local plus sain et mieux aéré que la demeure des fermiers. Yvoine était venu au Refuge dans la journée chercher quelque chose pour M. de Salcède ; il avait toute sa confiance. Il n'avait pas remarqué la fenêtre du salon restée ouverte, et n'avait pas de raison pour revenir avant le lendemain. Il n'y avait pas de feu dans la maison, mais il y avait de quoi en faire. Le jour baissait, mais il y avait des bougies sur les cheminées. J'étais à jeun après une course pénible ; je regardai dans les armoires. Comme il n'y avait pas de cuisine et qu'évidemment M. de Salcède ne prenait point ses repas chez lui afin de n'avoir pas l'espionnage d'une servante, il devait avoir quelque part un *en cas* quelconque, soit pour lui, soit en vue de la récente visite de la comtesse, qui n'en avait pas profité, puisqu'elle n'était pas venue chez lui.

En effet, je trouvai au salon du pain très-durci, une terrine de Périgueux non ouverte et des confitures intactes ; mais j'étais, en présence de ma découverte inespérée d'un amas de preuves, aussi surexcité que madame auprès du lit de son fils. Je n'avais ni faim, ni froid, ni soif, ni sommeil. Après avoir constaté que l'appréhension de quelque malaise physique ne viendrait pas troubler ma lucidité, je poussai soigneusement les contrevents. J'allumai deux bougies et je m'installai au bureau de Salcède. Un silence absolu, solennel, planait sur la solitude de Mandaille. De temps à autre seulement, un bruit lointain d'écroulement sourd m'annonçait la chute d'une avalanche au flanc des montagnes.

XLIX

Au bout de trois heures, j'avais tout lu, même les lettres de madame de Flamarande, cachées dans un tiroir particulier avec un secret *ad hoc.* J'avais compté tout l'argent de M. de Salcède, vingt-cinq mille francs en billets de banque et en traites sur l'étranger, cinq mille francs en monnaies d'or et d'argent, françaises et étrangères. Un pareil *en cas* monétaire abandonné ainsi dans la maison du désert témoignait de la moralité du pays ou de l'insouciance du propriétaire. Pourtant Salcède devait tenir à cette bourse, elle était évidemment en réserve pour une éventualité imprévue qui le forcerait de passer soudainement à l'étranger avec l'enfant, peut-être avec la comtesse. Cette réserve n'était pas destinée à payer l'achat de sa terre et la construction de sa maisonnette; je trouvai toutes les factures acquittées, ainsi que le contrat de vente passé avec la commune. Une partie de la forêt qui garnissait les pentes du puy Griou était comprise dans le marché. L'acquisition des terrains datait de 1847; la bâtisse avait été terminée en 1848. Il y avait donc environ deux ans que M. de Salcède était installé là sous le simple prénom de M. Alphonse, comme le témoignaient toutes les lettres à lui adressées poste restante à Saint-Cirgues de Jordanne, et je ne l'avais pas su, et M. le comte ne s'en était pas douté! et le monde entier, sauf mesdames de Flamarande et de Montesparre, le croyait fixé en Amérique! Ses lettres d'affaires ou de famille, venant de Paris ou d'Espagne, lui étaient parvenues par l'intermédiaire de la fidèle Berthe. Par elle, il savait du dehors tout ce qui pouvait l'intéresser. Personne ne savait rien de lui au delà du petit canton qu'il habitait. A Montesparre même, on ne paraissait pas soupçonner son voisinage. Il est vrai que je n'avais pu interroger aucune personne du château, et que mademoiselle Suzanne, que j'avais questionnée à Paris, avait fort bien pu se moquer de moi.

Tout me fut expliqué quand j'eus pris connaissance des nombreuses et émouvantes lettres de Berthe de Montesparre. C'était l'historique complet et minutieux des faits que j'avais pressentis et de ceux que j'avais ignorés. Je ne pourrais transcrire toutes ces lettres, et j'en donnerai seulement le résumé.

Madame de Montesparre avait toujours ardemment aimé M. de Salcède, et, se croyant aimée de lui, elle avait eu l'imprudence de lui ouvrir son cœur ; mais Salcède n'avait aimé qu'une femme en sa vie ; il l'aimait toujours. Selon lui, cette femme, madame de Flamarande, ne lui avait jamais appartenu. Je n'avais sous les yeux aucune dénégation formelle écrite de sa main ; je constatais seulement sa discrétion persévérante par les réponses de madame de Montesparre, qui, du reste, était fort sceptique à l'endroit de cette prétendue innocence. J'en citerai quelques traits que j'ai transcrits cette nuit-là.

« 1845, 13 avril, Paris.

» Quittez l'Amérique, revenez ! *Elle* a ou elle aura bientôt besoin de vous. Elle n'est pas si consolée, elle n'est pas si heureuse que je vous le disais et qu'on le croyait autour d'elle. Elle a bien eu un second fils qu'elle adore et que son mari ne peut attribuer qu'à lui-même ; mais l'autre, celui qu'elle a perdu et qu'elle a cru mort naturellement,... il faut bien à présent tout vous dire, vous êtes guéri, vous êtes de force à supporter un nouveau coup ; ce premier enfant, qu'on lui a dit mort de maladie, M. de Flamarande l'a renié, et, selon toute apparence, il l'a fait ou l'a laissé mourir, ou encore il l'a fait disparaître et élever quelque part. Rolande est à Sévines depuis huit jours, et là elle a appris de son mari que l'enfant et la nourrice avaient été noyés. Rien ne le prouve, elle n'y croit pas, elle espère, elle s'exalte, elle devient folle. Il la brutalise et la menace. Elle a dû renoncer à ses recherches et retourner en Italie ; mais, en partant, elle m'écrit en secret pour me supplier de les continuer, et je le veux bien, mais je ne sais comment m'y prendre. Il faut que vous acceptiez ce soin-là. Vous êtes riche, vous êtes libre, vous aimez les voyages, que je n'aime point du tout. Il faut retrouver cet enfant ou acquérir la preuve de sa mort, à laquelle je ne crois pas pour mon compte. Voici pourquoi : un mien cousin, qui demeure l'été près de Bourges (le vieux Frépont que vous avez vu à Montesparre lorsqu'il se faisait battre au billard par M. de Flamarande), m'a dit tout à l'heure avoir vu au relais de poste de Bourges, le 16 mai 1841, un voyageur qui pressait les postillons pour changer ses chevaux, et qui est remonté dans son coupé, d'où sortaient les vagissements d'un petit enfant. Frépont se rappelle la date, qui est celle de la naissance de sa petite-nièce. Il courait au-devant du père, qui arrivait de Paris, et il regardait avec anxiété toutes les voitures et toutes les figures qu'il rencontrait. Celle du voyageur en question lui parut *invraisemblable*, c'est son expression, et son accent contrefait. Il assure avoir parfaitement reconnu M Charles, le valet de chambre dévoué et gâté du comte de Flamarande, le même qui a été dans la confidence de toutes choses à Montesparre. Mon vieux Frépont affirme tellement le fait qui l'a frappé (à une époque où personne ne soupçonnait le comte), que je crois maintenant à un enlèvement. Il faut partir de là et surveiller ledit Charles, qui est toujours là et qui voyage beaucoup pour le compte de son maître. Venez à Paris sous le plus strict incognito. Ne descendez pas à votre hôtel et ne paraissez pas chez moi, car ma maison est surveillée par cet espion. J'attendrai à Paris que vous me donniez avis de votre arrivée. J'irai m'entendre avec vous à l'adresse que vous m'indiquerez. Au train dont marche la vapeur à présent, je compte que vous pouvez être revenu, au plus tard, à la fin du mois prochain. Je vous rappelle, entendez-vous, ingrat? Et ce n'est pas pour le plaisir de vous revoir, espoir égoïste que vous ne réaliseriez pas; je vous appelle à mon secours pour qu'à nous deux nous guérissions ce cœur brisé d'une pauvre mère dont la douleur me navre. Je ne la crois pas aussi innocente de son propre malheur qu'il vous a plu de me le dire et de me le jurer... Ne vous fâchez pas, mauvaise tête! Qui peut douter de votre honneur? Mais l'honneur d'un homme ne consiste-t-il pas, dans certains cas, à mentir très-résolûment pour sauver celui d'une femme? Pauvre Rolande! comment eût-elle résisté à votre passion? Elle était si jeune, si tristement mariée, et vous aviez le cœur tellement pris, la tête tellement montée! Quelque jour, vous m'avouerez la *vraie vérité*, quand vous aurez bien reconnu que je ne suis plus une rivale et ne veux connaître sa faute que pour lui en épargner les cruelles conséquences. Venez, votre sœur Berthe vous attend. »

Les lettres suivantes de madame de Montesparre m'apprirent que Salcède avait immédiatement quitté l'Amérique, qu'elle l'avait revu à Paris, qu'ils y avaient cherché et retrouvé les traces de la Niçoise, que Salcède l'avait découverte à Villebon et amenée non-seulement à tout avouer, mais à lui donner des *preuves écrites*. La chose lui avait coûté cher, mais il ne le regrettait pas. Il y eût sacrifié sa fortune. Aussitôt après, il s'était agi de découvrir où j'avais conduit Gaston après l'avoir repris à la nourrice. On s'était attaché à mes pas, on avait su que j'étais allé installer à Flamarande les tombeaux retirés de Sévines lors de la vente. Salcède s'y était rendu, et, déguisé en paysan, il s'était facilement abouché avec son ancien guide Ambroise Yvoine, lequel, m'ayant parfaitement reconnu à *la Violette*, n'avait pas eu de peine à lui faire voir et embrasser Gaston, moi présent pour ainsi dire.

A partir de ce moment, madame de Flamarande avait été informée de tout par la baronne. Et ici je placerai un des billets de Rolande à Berthe, datant de cette époque, et communiqué à Salcède, qui l'avait mis à part, avec d'autres lettres de *la même à la même*.

« Ma Berthe chérie, mon ange gardien, et *lui*, mon sauveur, ma providence, mes anges de consolation, soyez bénis! Vous l'avez retrouvé! Il n'est pas mort, il n'est pas exilé absolument de la maison paternelle. Il est bien portant, il est beau, il est heureux, et, puisqu'il est là, il me sera rendu; *son père* me rendra justice. Il n'y a pas d'explication à espérer de lui; il verra ma conduite et ouvrira les yeux à l'évidence. D'ailleurs, quoi qu'il arrive, les droits de mon fils aîné subsistent, et un jour viendra... Mais je le verrai auparavant, mon enfant adoré, je veux le voir! J'irai chez vous si secrètement, que personne ne le saura jamais. Je veux voir aussi celui qui me l'a retrouvé; je veux le remercier, l'absoudre du passé à cause du présent. Il ne faut plus qu'il songe à autre chose qu'au bonheur qu'il me rend. Vite, vite, écrivez-moi que vous m'attendez, et je simule une indisposition pour m'enfermer. Je confie Roger à des gens sûrs, je prends le bateau à vapeur et je vous arrive. Répondez, répondez à votre Rolande qui vous adore. »

Vous était-il au pluriel? On pouvait le croire. Madame de Flamarande, qui était alors en Italie, n'avait fait que la moitié du chemin. Après mon départ de Flamarande, on lui avait conduit son fils à Marseille, elle l'avait embrassé avec ivresse; mais Salcède n'était pas là, il avait craint de la revoir, sa passion étant plus vive que jamais. On avait donné pour prétexte à madame qu'il jugeait sa présence au rendez-vous trop dangereuse pour elle au cas où ce voyage serait découvert. Elle n'avait vu avec l'enfant que la baronne et Ambroise. Michelin, pour consentir à laisser voyager l'enfant, avait été mis dans la confidence jusqu'à un certain point. Il pensait que Salcède était son parent et connaissait sa mère. Il avait été si bien récompensé de son adoption et de ses soins, qu'il ne craignait plus rien et se fiait absolument à Salcède.

J'arrivai bientôt, par la lecture de ces lettres, à l'époque du fameux rendez-vous au bois de Boulogne. Salcède étant venu à Paris secrètement, la comtesse avait insisté pour le remercier elle-même. Il paraissait avoir beaucoup repoussé cette entrevue malgré le violent désir qu'il avait de s'y rendre. Il craignait pour la réputation de la comtesse et n'avait cédé qu'à la condition que la baronne serait présente; mais la baronne n'y alla pas. Elle lui avait écrit le lendemain une lettre fort significative.

« Non! je n'ai pas eu le courage de vous voir à ses pieds, voilà tout! Il ne m'est arrivé aucun accident. C'est volontairement que je vous ai manqué de parole. Je ne pensais pas que vous vous plaindriez de mon absence. Ah! pardonnez-moi de souffrir! vous m'avez entraînée dans un système d'héroïsme qui souvent dépasse mes forces. J'y persisterai, soyez tranquille; mais laissez-moi pleurer seule, et ne vous en inquiétez pas. Vous avez été heureux, vous l'êtes... C'est en même temps mon désespoir et ma consolation. »

Je cherchai en vain dans toute la correspondance une autre allusion à ce rendez-vous. Je dus me contenter de cette preuve, qui avait à mes yeux une grande importance.

Les lettres de 1848 et 49 ne me révélèrent aucune nouvelle entrevue de la comtesse avec Salcède ou avec Gaston; mais elles trahissaient la passion, conçue ou rallumée, de madame Rolande pour Salcède, passion exaltée, mystique, qu'elle interprétait dans le sens d'une reconnaissance toute maternelle, mais qui ne donnait pas le change à la clairvoyante Berthe, car la comtesse lui disait :

« Non, non, ne faites pas fausse route, mon amie, je n'ai point pour lui le sentiment que vous appelez *amour*, et, si c'est ce sentiment-là qu'il a jadis éprouvé pour moi et qui m'a été si fatal,

mon pardon l'efface, mais ma conscience ne l'absout pas. Heureusement vous vous trompez, parce que vous ne comprenez pas; non, vous ignorez cette amitié enthousiaste qui ne veut de l'être aimé que le plus pur de sa pensée. Il dit qu'il n'a pénétré chez moi (me croyant partie!) que pour prendre des fleurs dont j'avais aspiré le parfum; un parfum, c'est quelque chose d'immatériel, c'est le contraire de ce que vous supposez! Je ne veux pas croire, je ne crois pas qu'*il* ait un seul instant dans sa vie abjuré le respect dû à la femme de celui qui était son ami; la désirer eût été un crime à ses yeux comme aux miens. Je sais que peu d'hommes sont capables de cet amour de l'âme qui exclut l'idée de possession coupable; mais ne connaissez-vous pas cet homme si pur, si scrupuleux et si loyal? Toute cette vie studieuse et recueillie, cette vie angélique que vous admirez tant et dont vous me disiez : « C'est une exception parmi les
» exceptions idéales, c'est le seul être au monde
» qu'on puisse vénérer absolument. » Eh bien, cette vie-là n'est-elle pas faite pour vous rassurer? »

Dans une autre lettre, la comtesse disait à son amie :

« La preuve que je n'ai pas le genre d'affection que vous supposez, c'est que, le jour où *il* ne vivra plus que pour vous, le jour où vous serez sa femme (et ce jour viendra, soyez-en sûre), je serai mille fois plus heureuse de notre affection et mille fois plus fière de lui et de moi. »

L

Tout cela était fort beau ; mais madame de Montesparre, plus positive ou plus clairvoyante, écrivait à Salcède :

« Je vous envoie toutes les lettres qu'elle m'écrit, parce que vous m'en avez arraché la promesse, et que je ne sais pas vous affliger ; mais je crains bien de répandre cette huile parfumée sur un feu toujours plus ardent. Je voudrais qu'elle m'écrivît sur un autre ton, de manière à vous bien prouver qu'elle ne vous aime pas comme vous l'aimez ; mais l'exaltation de la mère, qui vous doit tant, monte le langage de la femme à un diapason qui me fait trembler. Elle veut nous marier ! Ah ! qu'elle ne s'en mêle plus ! son premier essai à Montesparre m'a été si fatal ! A présent, je ne le voudrais plus, ce mariage que j'avais rêvé, et qui ferait le malheur de notre vie à tous trois ! Aussitôt que j'aurais le droit d'être jalouse, j'en userais et j'en abuserais peut-être. J'aime mieux notre amitié désintéressée et ma tâche de dévouement. »

Madame de Montesparre n'était pas toujours si résignée. Il y avait des billets courts et passionnés comme ceux-ci :

« Sachez que je ne crois pas un mot de ce qu'elle dit et de ce que vous dites. Pourquoi mentir avec moi ? C'est un outrage, c'est une ingratitude atroce. »

Autre billet :

« Allons donc ! Gaston est fort bien votre fils ; je le sais à présent ! »

Autre :

« Si l'enfant appartient au mari, comment ne le haïssez-vous pas ? Moi, je le hais par moments, ce fils *adoptif* qui vous absorbe et que vous arrivez à me préférer ! »

La baronne avait fait des tentatives pour détourner Salcède de son installation au Refuge.

En 1848, elle avait eu la douleur de perdre son fils unique, Ange de Montesparre, et s'était d'autant plus attachée à Salcède qu'il s'était montré aussi désolé qu'elle de ce malheur. Elle voulait que le marquis s'établît à Montesparre avec Gaston, et on pressentait dans ses expressions le désir de le reconnaître pour son fils et celui de Salcède. La réparation du sacrifice qu'elle était prête à faire de sa réputation eût été un mariage entre eux. Salcède n'avait pas accepté cette solution. De là des querelles suivies de raccommodements. Le désespoir de la baronne était de voir le marquis rarement et en secret. Il n'allait chez elle ni le jour ni la nuit : ils ne se rencontraient que dans les courts et mystérieux voyages que Salcède faisait à Paris. Il paraissait se plaire beaucoup au Refuge, trouver un grand bonheur à faire l'éducation d'Espérance, enfin ne rien regretter du monde et des choses de la vie.

Je cherchai vainement une lettre directe de Rolande à Salcède. Ou elle ne lui avait jamais écrit, ou il portait son trésor sur lui. La conclusion à tirer de toutes ces écritures confidentielles, c'est qu'aucune ne contenait l'aveu de la faute commise, et ne constituait une preuve qui pût mettre Roger à l'abri des revendications de son frère. Au contraire : soit sincérité, soit habileté consommée, tout ce que madame de Flamarande avait écrit à son amie pouvait être invoqué par elle comme une preuve de son innocence. Je ne vis donc pas d'intérêt certain à m'emparer de la correspondance, et le danger de commettre ce larcin ne me parut pas compensé par l'assurance de rendre à Roger un véritable service. Cependant c'étaient là les seules preuves que je pusse espérer de recueillir, et, pour en trouver d'autres, il fallait compter sur un nouveau hasard extraordinaire.

Je tombai dans de grandes perplexités. Tout à coup, en me voyant seul dans cette demeure silencieuse violée par ma curiosité, j'eus un sentiment de honte et d'horreur de moi-même. Il y avait de l'argent, beaucoup d'argent, confié pour ainsi dire et comme mis sous la protection de la loyauté publique, et moi, pire qu'un voleur d'argent, je songeais à dérober les secrets du cœur et de la conscience ! Je rangeai avec soin les papiers, je refermai tous les secrets du bureau, et je m'approchai de la fenêtre. Le jour paraissait à peine, mais les paysans étaient probablement déjà debout, et je me hâtai d'éteindre les bougies. Puis je songeai aux moyens d'opérer ma retraite sans laisser de traces de mon passage dans le pays, car j'étais quitte de tout devoir de protection envers Espérance, et je n'avais rien à apprendre à Flamarande qui ne me fût désormais connu. Je montai au grenier, et j'y pris une des cordes qui avaient servi à ficeler les gros colis. Je descendis au salon. C'est de là qu'à l'aide de cette corde convenablement arrangée je pouvais m'enfuir ; mais une idée qui traversa mon cerveau m'arrêta. Cette construction, qui portait dans les actes de vente le nom significatif de Refuge bien avant que M. de Salcède l'eût acquise, avait dû servir ou être destinée à servir de refuge en effet aux défenseurs du manoir en cas d'envahissement. Là, comme dans beaucoup d'autres forteresses de ce genre, il devait exister une communication secrète entre elle et le donjon. J'étais certain désormais d'avoir vu Salcède à Flamarande en 1845, déguisé en paysan. Je me rappelais l'avoir vu disparaître non loin du manoir, comme s'il eût percé le rocher. La communication souterraine, soit qu'elle eût été déblayée, soit qu'elle fût demeurée intacte depuis des temps reculés, devait donc exister encore, et elle avait dû servir récemment à madame de Flamarande pour entrer dans le donjon et pour en sortir sans être vue. L'entrée du passage devait être la maison même où je me trouvais, car, en lisant l'acte, je n'avais pu m'expliquer certains mots relatifs à un passage et à une entrée dont Salcède revendiquait l'usage exclusif et la propriété. Il fallait le chercher, ce chemin mystérieux, et m'en servir pour opérer ma retraite. Il ne fut pas difficile à trouver dans le parquet du salon sous une des peaux de mouton qui, jetées les unes près des autres, formaient un tapis non cousu et non fixé. La trappe était légère et sans ressort ni serrure. Elle ouvrait sur un marchepied de bois de dix ou douze marches avec une rampe d'un seul côté, comme on en voit dans les ateliers de peinture.

Je me trouvai dans la cave de la maison, une voûte circulaire de construction ancienne meublée d'une seule barrique de vin et d'une petite provision de bois derrière laquelle on pouvait se cacher en cas de surprise. Je fis le tour de ce caveau, et je trouvai, dans une antique arcade surbaissée, une porte de chêne toute neuve, avec serrure sans clef, non fermée. Évidemment M. de Salcède et Ambroise passaient par là souvent, et, la veille, lorsque j'avais pénétré dans la maison, ce dernier était dans cette cave, puisque je ne l'avais pas vu. Je m'engageai dans le couloir qui s'ouvrait devant moi, au risque d'y rencontrer M. de Salcède rentrant chez lui après sa dernière veillée auprès de l'enfant. La galerie, maçonnée au commencement, pénétrait un peu plus loin dans l'épaisseur du roc entaillé par le pic. Elle était assez large pour donner passage à deux personnes, mais elle n'offrait aucun angle, aucun recoin où l'on pût espérer se cacher en cas de rencontre.

Je risquai encore quelques pas, examinant avec soin, grâce à la bougie dont je m'étais muni. Bientôt j'arrivai à une véritable caverne où le passage, élargi et irrégulier, n'offrait plus aucune trace du travail de l'homme. C'était un travail purement fortuit de l'action volcanique que jadis on avait découvert et utilisé. D'autres galeries étroites et d'apparence peu praticable aboutissaient à celle où je me trouvais et dont le sol brut m'offrit la trace fraîche des gros souliers d'Amboise sur la pouzzolane. Je marchai alors avec plus de confiance, prêtant l'oreille au moindre bruit, mais certain de pouvoir au besoin me retirer ou me cacher dans quelque anfractuosité. J'avançais sans trouver d'obstacle depuis environ dix minutes, lorsqu'un point lumineux se montra devant moi. J'éteignis précipitamment ma bougie et regardai ce point éblouissant et fixe. Ce n'était pas une lumière en marche, c'était le jour ; la grotte s'ouvrait sur le torrent, dont le mugissement arrivait jusqu'à moi. J'y courus, mais pas d'autre issue que l'eau qui bondissait furieuse dans des abîmes. Je m'étais donc trompé de galerie, madame de Flamarande n'avait pu passer par là. J'examinai le tableau austère et charmant que les cascades et l'épaisse végétation échelonnée sur les parois du rocher formaient devant mes yeux. J'étais au fond d'un gouffre d'où il paraissait impossible de sortir par le côté du rivage sur lequel je me trouvais. Je reconnus en face de moi le sentier élevé où M. de Salcède m'était apparu pour disparaître comme par enchantement.

Il n'y avait pourtant pas moyen de passer sous la cascade, et je dus me livrer à d'infructueuses recherches qui me prirent du temps. Le jour augmentait, une lueur rosée répandue sur les objets m'annonçait que le soleil était levé. Je rentrai dans l'obscurité et y marchai à tâtons, espérant surprendre le retour de M. de Salcède, qui me serait un indice pour trouver la sortie ; mais, ayant abouti à une impasse, je me disposais à rallumer ma bougie lorsqu'une soudaine terreur s'empara de moi en reconnaissant après mille recherches que je l'avais perdue. J'avais des allumettes chimiques. J'en allumai une qui me fit voir un endroit de la caverne que je ne reconnus pas pour l'avoir traversé un instant auparavant, mais qui me permit de sortir de l'impasse et de retrouver une voie praticable. Une seconde allumette me fit retrouver la ligne tracée à la craie sur le vrai chemin, mais sans qu'il me fût possible de savoir si je retournais vers le Refuge ou vers le lit du torrent. A la troisième allumette, l'humidité ayant pénétré dans l'étui, je ne pus me procurer un instant de clarté, si court qu'il fût, et je dus marcher dans les ténèbres. Je n'avais pris aucun aliment et aucun repos depuis plus de vingt-quatre heures. Je n'en souffrais pas sensiblement, mais mon cerveau fatigué perdait toute force de réaction, et mon imagination, assombrie par l'obscurité, commença à me tourmenter.

Je marchai sans me heurter à aucun obstacle et sentant la paroi du roc de distance en distance ; mais ce trajet que j'avais fourni si vite me parut d'une longueur effrayante, lorsque tout à coup je ne sentis plus rien autour de moi et fis quelques pas dans le vide. Je m'étais donc trompé, j'étais perdu dans un labyrinthe peut-être inextricable. Un pas de plus, j'allais me briser contre quelque roche ou dans quelque abîme. L'effroi me prit à la gorge; j'eus envie de crier. La honte me retint; mais le sentiment d'une mort affreuse me rendit aussi pusillanime qu'un enfant.

— Tu as voulu t'emparer de la destinée des autres, me disais-je; tu étais valet, tu n'as reculé devant rien pour devenir moralement le maître d'existences plus élevées que la tienne, et voici que la tienne va s'éteindre misérablement dans ces ténèbres sans que personne te plaigne, car tu recueilles ce que tu as semé.

LI

Je ne suis ni poltron, ni trop ami de mes aises ; mais j'ai senti dans ma vie une alternative de courage et de lâcheté selon que ma conscience me soutenait ou me résistait. En ce moment, elle était contre moi, car je me sentis défaillir et je m'évanouis. Je restai sans connaissance une demi-heure ou davantage, je ne saurais le dire. Quand le sentiment de moi-même me revint, je résolus de sortir à tout prix de cette horrible situation, et je me mis à ramper au hasard devant moi. Je n'eus pas franchi deux mètres que je me heurtai contre des marches. Je les tâtai, elles étaient en bois, et je sentais une rampe sous ma main : j'étais dans la cave du Refuge. Je parvins à faire flamber une dernière allumette et à me convaincre que j'étais bien revenu au point de départ. La porte du couloir, que j'avais franchie sans en avoir conscience, était ouverte derrière moi ; au-dessus de moi, la trappe du salon, que je soulevai facilement ; avec quelle joie je revis la lumière du jour !

Mais je baissai précipitamment cette trappe et retins ma respiration. On parlait dans la maison, et je saisissais la voix élevée d'Ambroise résonnant dans la cage de l'escalier. Les réponses de Salcède étaient monosyllabiques, mais c'était bien sa voix, je n'en pouvais douter. Ils étaient rentrés par le dehors pendant que je m'égarais dans le souterrain, ou bien ils avaient passé par cette voie pendant que je la perdais pour aboutir à l'issue donnant sur le torrent.

J'entendis bientôt que l'on marchait dans le salon, et je saisis distinctement les paroles.

— Qui donc a ouvert cette fenêtre ? disait Yvoine.

— Tu auras oublié de la fermer, répondait Salcède.

On ferma la fenêtre, et Ambroise reprit :

— A présent, vous devriez faire un bon somme, *monsieur Alphonse* ; vrai, vous êtes fatigué.

— Un peu en effet ; je vais dormir une heure, je travaillerai après.

— Si vous aviez faim, voilà le panier, que j'ai apporté.

— Laisse-le là, merci. N'oublie pas que l'enfant ne doit pas venir ici, c'est trop loin.

— Je le ferai patienter.

— Je le verrai à trois heures. Prends par l'*espélunque*, c'est plus court.

Je savais assez de latin pour comprendre que l'*espélunque* était un mot patois signifiant le souterrain. Ambroise allait donc lever la trappe et descendre. Mon premier mouvement fut de le devancer dans le souterrain afin de me dissimuler à l'endroit convenable et de le suivre quand il serait passé ; mais une invincible horreur des ténèbres me retint. D'ailleurs, le temps manquait. Je me blottis sous l'escalier de bois. Ambroise passa au-dessus de ma tête, et il passa sans lumière, en sifflant ; il s'engagea dans l'*espélunque* en homme qui connaît son chemin, exempt de toute appréhension. Il n'y avait donc aucun danger à courir dans ce passage, et j'eus honte de la frayeur que j'y avais éprouvée ; mais il ne m'était pas permis de suivre Ambroise. Il avait fermé la porte du caveau derrière lui, et je l'entendis retirer la clef ; sans doute M. Salcède en avait une autre.

Je n'entendais plus rien dans le salon. Salcède était remonté à sa chambre pour dormir ou pour travailler. Je ne pouvais plus fuir que par la fenêtre du salon. Je retrouvai la corde dont je m'étais muni lorsque j'avais formé ce projet ; je l'avais cachée sous des fagots. J'avisai par là une bouteille à demi pleine ; j'avalai environ la contenance d'un verre de vin éventé, très-mauvais, mais qui suffit à me rendre la force dont j'avais besoin.

Je remontai au salon et fus curieux de voir le contenu du panier qu'Ambroise y avait déposé pour M. de Salcède. Je vis que le cénobite du Refuge était d'une frugalité extrême et vivait absolument comme un paysan. Je n'entendais plus aucun bruit dans la maison; je me demandais si j'allais en sortir tout de suite ou me livrer à quelque nouvelle investigation avant de renoncer à saisir la vérité.

Jamais pareille occasion ne se retrouverait, et je sentais d'ailleurs que je n'aurais plus le courage de la chercher. J'étais partagé entre le dégoût amer de mon entreprise et la rage de la justifier à mes propres yeux par un succès quelconque. Je ne sais quelle fatalité sous la forme d'idée fixe me faisait désirer de voir Salcède et de lui parler, dût-il me traiter comme je le méritais, dût-il me tuer.

Le peu de mauvais vin que j'avais avalé après un long jeûne m'avait surexcité. Je me persuadai tout à coup que la lâcheté des moyens par moi employés deviendrait de l'héroïsme, si j'allais braver le lion dans son antre en lui disant :

— Me voilà, c'est moi; ami, si vous me dites la vérité que j'ai voulu saisir à tout prix; ennemi, si vous me la cachez. J'ai rusé contre vous; pourtant je ne vous crains pas, puisque, au lieu de fuir comme il me serait facile de le faire, je viens me dénoncer moi-même et m'exposer à votre ressentiment.

Cette idée me procura une sorte d'exaltation que

je ne voulus pas laisser refroidir. Je montai résolûment à la chambre de Salcède, j'ouvris sans frapper et sans prendre aucune précaution : j'étais ivre. M. de Salcède était couché dans son alcôve. Il crut que j'étais Ambroise et me dit :

— Tu as oublié quelque chose?

J'eus peur; je me sentis dégrisé tout à coup. Je murmurai une réponse inarticulée en imitant le fausset enroué d'Ambroise. Je ne sais ce qu'il comprit, mais il y fut trompé et se retourna sur son lit en disant :

— Cherche, mon ami, cherche!

Un instant encore, et sa respiration égale et forte m'attestait qu'il dormait profondément. Je m'approchai et le regardai. Je voulais savoir s'il était encore capable d'inspirer l'amour.

Au premier coup d'œil, je crus voir un montagnard aussi *authentique*, c'est-à-dire aussi inculte qu'Ambroise ou Michelin. Il dormait tout vêtu, et ses habits de velours à côtes, ce velours marron, chéri des Auvergnats, avait pris la teinte cotonneuse et indéfinissable qui le caractérise dès qu'il a éprouvé la moindre usure. Ses gros souliers ferrés tout poudreux étaient par terre, mais ses bas et son linge irréprochables trahissaient le soin de sa personne, caché sous les dehors du paysan. Il avait toujours la taille fine dans sa ceinture de laine rouge; aucun embonpoint précoce n'avait envahi ce beau corps élancé dont l'élégance m'avait toujours frappé; ses mains étaient toujours belles et fines malgré la teinte verte des ongles, signe indélébile du botaniste en activité, et quelques légères callosités dues au travail du géologue. Il portait la barbe courte, entière et frisée naturellement ainsi que sa chevelure, qui était blanche comme la neige, tandis que la barbe était d'un gris argenté. La fatigue et les intempéries n'avaient pas rougi la peau de son visage, qui restait pâle, un peu bistrée. A quelques pas de distance, on pouvait, à moins d'une vue très-nette, prendre cette belle tête pour celle d'un homme de cinquante ans, blanchi prématurément; mais, de près, les tempes lisses, la bouche fraîche, la narine dilatée, le cou rond et sans pli, le sourcil noir en arc bien dessiné, c'étaient là des signes de jeunesse indiscutables, et en somme le marquis de Salcède, qui n'avait alors qu'une trentaine d'années, était plus beau encore avec son costume rustique et ses cheveux blancs que je ne l'avais jamais vu. Madame de Montesparre pouvait être plus que jamais éprise de lui, — madame de Flamarande aussi!

Je remarquai qu'il portait sur sa poitrine une sorte de scapulaire en maroquin noir. Ce devait être le fameux bouquet reposant sur la cicatrice du duel; mais peut-être y avait-il un billet dans cette relique... M'en emparer devint une obsession insurmontable. C'était risquer le tout pour le tout. Je pensai à Roger, à mon honneur, que je ne pourrais jamais invoquer, si je n'avais pas de preuve, et que je recouvrais vis-à-vis de moi-même, si je parvenais à démasquer le mensonge.

Aussi attentif, aussi souple, aussi prompt, aussi muet que le chat qui guette sa proie, je me plaçai de manière à me dissimuler, si Salcède ouvrait les yeux. Vingt fois, cent fois peut-être, je portai la main sur le trésor, autant de fois je la retirai, suivant tous les imperceptibles mouvements d'un sommeil où l'instinct de l'âme survit à l'accablement du corps. Enfin, par je ne sais quels miracles de patience et de dextérité, je parvins à soulever la boutonnière qui fermait le sachet, à y glisser le doigt et à y saisir parmi des feuilles desséchées une petite bande de papier roulé. En ce moment, Salcède porta machinalement la main à son trésor, il le sentit sous ses doigts et n'ouvrit pas les yeux. J'étais déjà dans l'embrasure de la fenêtre, et je lisais ces quatre mots : *Veille sur notre enfant!* et au-dessous la signature *Rolande*. C'était bien l'écriture de madame la comtesse; je m'approchai de la table, je cherchai un papier à peu près semblable à celui du billet. J'y calquai très-fidèlement les quatre mots, je le roulai dans mes mains pour enlever la fraîcheur du pli, et je parvins à le réintégrer dans le sachet. Je mis l'autographe dans mon portefeuille, et je descendis au salon, résolu à m'évader.

Mais attacher la corde solidement n'était pas facile, et j'entendis marcher au-dessus de moi. Salcède s'était réveillé. Il pouvait me voir en dehors de la fenêtre. Je résolus d'attendre qu'il fût sorti, et je redescendis dans le caveau. J'y restai plus d'une heure, en proie à une émotion terrible. Enfin la fatigue l'emporta, et je m'endormis à mon tour si profondément que Salcède, s'il eût eu quelque soupçon, eût pu me reprendre son trésor plus facilement que je ne l'avais conquis; mais il travaillait apparemment, il était tranquille, et je ne fus réveillé que par le bruit de la trappe qui s'ouvrait. Je m'étais blotti pour dormir de manière à n'être pas aperçu à moins d'une recherche volontaire. Je l'entendis descendre l'escalier de bois et ouvrir la porte du souterrain qu'il ne referma pas à clef. Il s'en alla sans lumière comme avait fait Ambroise.

Je laissai passer un quart d'heure. Je remontai chercher une bougie : déjà j'en avais usé plusieurs; mais je savais que, dans un ménage de garçon sans service de femme, la consommation des objets de détail n'est guère surveillée ni remarquée. Muni d'allumettes nouvelles, je m'engageai dans le couloir secret, je suivis avec attention la ligne tracée à la craie, et je débouchai par une fente naturelle située dans les broussailles, de l'autre côté du ravin, à deux pas du sentier par où, en 1845, j'avais vu disparaître le faux meunier Simon. Là aussi il y avait à l'intérieur du tunnel une porte à serrure. M. de Salcède l'avait également laissée ouverte.

Il devait exister un troisième passage pour pénétrer à couvert dans le donjon; mais, outre que je n'avais pas le loisir de le chercher, je ne voulais nullement être vu à Flamarande, et je m'en trouvais si près, que je dus gagner un bouquet de bois pour guetter le moment où je pourrais me risquer sur le chemin sans être aperçu. La faim me dévorait. Je fis comme les enfants de la montagne, je cherchai les myrtilles et les framboisiers. Tout cela était en fleurs. M. de Salcède eût fort raillé mes notions botaniques, s'il m'eût vu chercher des fruits à la fin de mai dans les montagnes froides.

Des voix d'enfants s'approchèrent. Je craignis d'être surpris et je me réfugiai dans la plus épaisse des touffes de buis. Ils vinrent tout à côté de moi visiter je ne sais quels engins, et j'entendis l'un d'eux s'écrier :

— Le pain est mangé, ils sont venus.

— Oui, dit un autre, mais il n'y a rien de pris. Dis donc, Espérance, te voilà content !

Au mot de *pain* prononcé par ces enfants, je m'étais senti plus affamé; mais, au nom d'Espérance, j'avais oublié mes tortures. J'avais osé lever un peu la tête et regarder entre les branches. Je vis l'enfant, je le reconnus tout de suite parmi les autres. Il était pâle comme après une maladie, et, si quelques années de plus avaient accentué ses traits, la physionomie, à la fois douce et ferme, n'avait pas changé. A qui pouvait-il ressembler?

Les lignes rappelaient celles de M. de Flamarande, l'expression était celle de M. de Salcède. Il était fort peu mieux habillé que les autres. Le classique velours brun faisait tous les frais de sa toilette, mais il était propre et paraissait plus soigneux que ses camarades.

A travers leur babillage confus pour moi, car c'était un mélange de patois et de français, relevé d'un fort accent de terroir, j'entendis souvent les mots *espeluchat*, *espeluque*, *espelunque*, accompagnant le nom de M. Alphonse. Personne ne l'appela ni Salcède ni M. le marquis, pas même Espérance, que j'entendais mieux que tous les autres, car, seul, il n'avait pas d'accent. Je parvins à comprendre que l'existence de l'*espeluque* n'était un secret pour personne ; de pareils secrets sont bien impossibles dans le voisinage des lieux habités ; mais la découverte était récente, et personne n'avait cherché à en faire un passage public, M. Alphonse en possédant seul l'entrée. Les enfants y avaient sans doute fureté au commencement, mais ils n'y avaient rien trouvé d'intéressant et ils y avaient eu peur de la femme blanche, qu'on disait être apparue dans le donjon dernièrement, et qui devait demeurer dans l'*espeluque*.

Je compris, par ce que je pus saisir, que M. de Salcède ne mettait aucun mystère dans ses allées et venues, et ne paraissait tenir à son passage que parce qu'il lui abrégeait la moitié du chemin quand il était pressé. Il n'en était pas moins favorable au secret de ses démarches quand besoin était. En temps ordinaire, il ne le fermait pas dans le jour et personne n'en profitait pour aller piller sa cave. Il n'y avait pas de voleurs à Flamarande. Il n'y avait là d'autre voleur que moi !

Pourtant j'avais poussé le scrupule jusqu'à me laisser mourir de faim dans la maison du Refuge, et j'en souffrais cruellement. Il me tardait de voir partir les enfants, afin de m'emparer des petits morceaux de pain qu'ils mettaient à leurs pièges pour prendre les écureuils. Je vis donc avec effroi Espérance, resté le dernier, retirer ce pain. Il ne voulait pas qu'on prît les écureuils. Je me rappelai son amour d'enfant, je dirais presque son respect pour les animaux. Il était occupé à enlever ces amorces lorsque je vis arriver Ambroise, portant une petite fille d'environ six ans sur son bras. L'enfant était charmante. Ambroise imitait le galop d'un cheval pour la faire rire, et la petite, faisant semblant d'avoir peur, enfonçait ses petites mains dans la crinière grise et crépue du bonhomme. Espérance, qui s'était un peu éloigné, revint à eux et se retrouva près de moi. La petite sauta à son cou, et j'entendis qu'il l'appelait Charlotte. C'était ma filleule, celle qui était née la nuit où j'avais abandonné Gaston dans la crèche de Michelin.

— Allons, dit Ambroise, il faut rentrer, enfants. M. Alphonse est au château et trouve que le *gars*

Espérance reste trop longtemps dehors pour un malade.

— Je ne suis plus malade, répondit Espérance. Tiens, je vais porter Charlotte.

— Non pas, non pas! Dans quinze jours, à la bonne heure. Donnez-vous la main et passez devant, ou je tape.

Et il leva son bâton, ce qui fit rire les enfants, habitués à la plaisanterie.

Ces gens me firent envie. Ils paraissaient si heureux! plus heureux que moi, à coup sûr. Dès que je fus seul, j'allai à la recherche des miettes de pain rassemblées par Espérance et jetées parmi les buis. Je ne trouvai rien, et un instant j'eus l'idée de reprendre l'*espelunque* pour satisfaire ma faim au Refuge. Une répugnance invincible, scrupule bien exagéré de ma conscience troublée, m'en empêcha. J'appelai à mon aide toutes les forces de ma volonté, et je réussis à marcher une partie de la nuit pour gagner Murat par la percée du Liorant. Je tenais à prendre un chemin nouveau à chacun de mes voyages à Flamarande.

LII

Comment je regagnai Paris après tant de fatigue et d'agitation morale, je n'ai pas à le raconter. Ceci ne concerne que moi ; d'ailleurs, j'ai la mémoire trouble à l'endroit de cette partie de mon voyage. J'avais une fièvre violente, et je dus me mettre au lit en arrivant. Je fus très-sérieusement et assez longtemps malade. M. de Flamarande était toujours en Angleterre, et semblait vouloir s'y fixer. Il avait mal pris, comme on peut croire, la révolution de février, et il ne voulait pas entendre à l'éventualité de l'Empire. Il n'était pas plus d'accord avec les légitimistes, qu'il trouvait trop constitutionnels. Il ne concevait en politique qu'une monarchie absolue avec la prédominance du clergé. Il était brouillé avec son monde et se déplaisait partout en France. Il aimait mieux protester contre toutes choses par son absence, et se tenir à l'étranger en position d'émigré volontaire. Madame ce

Flamarande était à Ménouville avec son fils, le précepteur et mademoiselle Hurst. Je passai l'été à Paris, souffrant, oisif et profondément dégoûté d'un service qui me créait une responsabilité sans travail et sans moyen de me rendre utile.

J'en écrivis à M. de Flamarande pour lui demander de me rendre ma liberté, que je ne pouvais reprendre moi-même après les services que j'avais reçus de lui. Il me répondit qu'il partait pour Ménouville et désirait m'y trouver, pour que j'eusse à lui expliquer les motifs de mon découragement. Je le revis donc en Normandie aux premiers jours de l'hiver. Il y venait pour remplacer son intendant, mort d'une fluxion de poitrine. Madame y était encore et l'attendait avec Roger, que je fus heureux de retrouver. La vue de cet enfant pouvait seule alléger le poids de ma tristesse.

J'avais résolu de ne jamais exposer la comtesse au courroux de son mari. Je me tins parole. Le comte ne sut pas ma course à Flamarande et ne m'adressa aucune question.

— Je vois, me dit-il, que vous voulez me quitter parce que l'ennui vous consume. Vous êtes une nature active et vous ne vous contentez pas d'une sinécure. Je vous offre un travail sérieux et une situation plus élevée. Remplacez ce pauvre Martin qui vient de mourir, soyez mon intendant. Je ferai avec vous le marché qui vous plaira, ou des appointements fixes ou une part proportionnelle dans les bénéfices.

La position était bonne et nullement au-dessus de ma compétence ou de mes forces. La portion des terres environnant le château n'étant pas affermée, on l'avait gardée en régie, et la surveillance de cette exploitation m'offrait un travail agréable; mais le comte y mit une condition à laquelle je répondis par un refus. M. de Flamarande, tout en délaissant sa femme, voulait qu'elle fût surveillée.

— Je ne m'occupe pas du passé, disait-il, je souhaite même qu'on ne m'en parle jamais. J'ai passé l'éponge sur cette mauvaise page du tableau. Il y a plus : que madame renoue ses relations avec la baronne, que le secret lui soit révélé, qu'elle sache où est son fils, qu'elle veuille le voir en secret, tout cela peut arriver. M. de Salcède peut revenir en France. Ils peuvent s'écrire à propos de l'enfant... Oui, je prévois toutes les éventualités, j'accepte toutes les hypothèses, excepté celle où les circonstances de ce rapprochement seraient telles que j'eusse à craindre l'intrusion d'un nouvel enfant dans ma famille. Comme cette fois j'aurais la certitude indiscutable qu'il ne m'appartiendrait pas, je désire, je veux être averti à temps pour prendre mes mesures.

Je lui fis observer qu'étant fixé à Ménouville, je ne pourrais jamais savoir ce qui se passerait à Paris. Il me répondit que j'aurais ce soin à Ménouville seulement et qu'à Paris il aurait un autre surveillant. Il insista, je refusai. J'étais las jusqu'à l'écœurement du métier qu'il m'imposait. Je rougissais de m'y être prêté. J'avais à racheter ma dignité, fût-ce au prix de la misère. Je repoussai les dons qu'il m'offrait en cas de retraite. Il m'avait assez récompensé en m'aidant à payer les dettes de mon père. Je ne voulais rien de plus, rien surtout qui eût l'air de payer ma discrétion.

J'étais absolument décidé et j'avais pris congé de lui, ma valise était bouclée, j'allais partir, lorsque Roger entra dans ma chambre, et, se jetant à mon cou, me reprocha en sanglotant de ne plus l'aimer, puisque je voulais l'abandonner. Ne plus l'aimer ! quand ses larmes me déchiraient le cœur ! L'abandonner !... quand, pour préserver son avenir, j'avais fait des choses, non pas seulement pénibles et périlleuses, mais honteuses et répugnantes ! Il fallut céder à ses prières et à ses caresses. Je retournai auprès de son père et lui demandai de me garder sans conditions. Il céda à son tour.

— Vous aimez trop Roger, me dit-il, pour permettre qu'un scandale se produise autour de lui. Ne me promettez rien, j'y consens. Je mets mon fils sous la garde de votre affection pour lui et de votre respect pour l'honneur du nom qu'il porte.

Toutes choses réglées, M. de Flamarande repartit pour Londres, après avoir demandé à sa femme si elle voulait l'y accompagner ou retourner à Paris.

Il la laissait absolument maîtresse de son choix. Elle répondit qu'elle n'avait aucun choix à faire, aucun parti à prendre et qu'elle ferait ce qui lui serait ordonné par lui. Cette soumission aveugle l'embarrassa beaucoup. Il souhaitait n'avoir plus à s'occuper d'elle; mais il ne voulait pas paraître la délaisser.

— Eh bien, lui dit-il pour terminer, allez à Paris. Le climat est meilleur pour Roger que celui de Londres ; mais, s'il vous vient le moindre désir de voir l'Angleterre, écrivez-moi, et je serai à vos ordres.

LIII

Il retourna en Angleterre, où il passa les dix dernières années de sa vie, ne venant plus que temporairement en France. Il se portait réellement mieux dans ce climat brumeux et tiède, car il semblait rajeunir. Il est vrai qu'il prenait plus de soin de sa personne, comme s'il eût craint de déplaire à quelqu'un en s'abandonnant à sa vie d'études. Le fait est qu'il était gouverné. Cet homme si absolu et si obstiné avait trouvé un maître à idées étroites, sans réflexion, avide d'amusements frivoles, et encore plus tenace dans ses instincts qu'il ne l'était dans ses raisonnements. Ils n'eurent heureusement pas d'enfants et menèrent une vie égoïste. Le comte allait peu dans le monde, ce n'était pas son goût, mais il recevait dans l'intimité des personnes triées par la maîtresse du logis, c'est-à-dire qu'elle éloignait toute relation sérieuse, sous prétexte que M. de Flamarande avait besoin de distraction pour sa santé, et elle l'entourait d'hommes nuls et de femmes tarées. Il y avait du luxe chez eux, mais pas de manière à faire craindre que le capital de M. le comte ne fût entamé. Cette femme n'aimant que la dépense paraissait ne pas songer à capitaliser pour son compte.

Je vis ces choses à Londres une fois que je dus m'y rendre pour entretenir M. le comte des affaires de ma gestion. Il eut toujours la haute main sur l'éducation de Roger, qui ne fut point mis au collège et suivit seulement des cours, accompagné de son précepteur. Ce précepteur était toujours l'abbé Ferras, un homme très-doux et très-patient, manquant d'initiative en toutes choses et ne prenant point à cœur ce qui se passait autour de lui. Il ne songeait qu'à ses travaux de bibliophile, c'était là son unique passion. A la campagne, quand Roger prenait peu ou point ses leçons, le brave homme s'en consolait en travaillant à d'interminables catalogues. A Paris, sitôt qu'il avait accompli sa tâche quotidienne auprès de l'enfant, il allait bouquiner sur les quais ou sous les arcades de l'Odéon.

Il m'était facile de voir que Roger n'apprenait absolument rien avec lui. Sans les soins de sa mère, il eût été un parfait ignorant. Madame assistait à ses leçons et les prenait pour son compte; après quoi, elle les lui remâchait sous diverses formes jusqu'à ce qu'elle vît qu'il avait compris. Alors elle le laissait tranquille, car d'espérer qu'il se donnerait la peine d'écouter de lui-même et de résumer quoi que ce soit par un effort de sa volonté eût été illusoire. L'effort du cerveau lui était inconnu, on s'était donné trop de mal pour lui en épargner un peu. Il comptait là-dessus, et disait naïvement à l'abbé :

— Pourvu que maman comprenne, c'est tout ce qu'il faut.

M. de Flamarande avait paru chérir son fils dans les premières années ; mais, quand il le vit si léger, si impétueux au plaisir et si peu capable de raisonnement suivi, il le mortifia par ses reproches ironiques. L'enfant prit peur de lui, et la peur est un éloignement. A mesure que les absences de son père prirent plus de fréquence et de durée, il l'oublia si bien qu'il était comme étonné quand il le revoyait. Le comte trouva donc froid et gauche cet enfant si expansif, si aimable et si séduisant avec les autres. Il eût aimé à être fier de lui, et il ne voyait de lui que ses défauts. Peut-être songea-t-il à l'emmener pour l'instruire à sa guise ; mais madame parut résolue à le suivre, et sans doute la femme illégitime n'eût point goûté cet arrangement. Il n'en fut plus question.

J'avais résolu de ne parler jamais de moi que quand je serais mêlé aux évènements de la famille de Flamarande, et, comme il ne s'en passa pas de remarquable durant les premières années de ma gestion, je comptais me passer sous silence depuis ce moment jusqu'à celui où je fus repris par la destinée ; mais j'ai pensé qu'en abordant mon récit j'avais entrepris forcément une étude psychologique sur moi-même, et je me vois entraîné à la continuer pour que ma conduite ait un sens.

D'abord, en m'installant, à la grande joie de Roger, dans le pavillon de l'intendance à Ménouville, je crus que j'allais être très-heureux. Je n'étais plus laquais, j'étais fonctionnaire. Je n'étais plus Charles, on m'appelait de mon nom de famille, j'étais M. Louvier. Je n'étais plus gouverné que par un maître absent qui me connaissait trop pour rien discuter. J'avais préféré un traitement fixe à tout ce qui eût pu ressembler à un tripotage dans les produits. Je m'efforçais d'augmenter le bien-être de la maison sans diminuer le rapport de la terre, et cela était très-facile du moment que je ne spéculais pas pour mon compte et que j'étais impossible à duper. De ce côté-là, je n'ai pas lieu de regretter le rôle que j'ai joué dans la famille.

Après les premiers soins que je donnai à mon installation, ma tristesse revint. C'était une sorte d'ennui de toutes gens et de toutes choses. L'estime et l'amitié qu'on me témoignait ne me paraissaient pas sincères. J'étais injuste, car tout le monde, madame elle-même, madame surtout, me témoignait une confiance sans bornes pour tout ce qui concernait ma gestion, et les subalternes que je gouvernais s'applaudissaient de ma politesse et de mon équité.

Mais quoi ! j'étais mécontent de moi-même. Le passé, avec lequel je voulais rompre, me poursuivait comme un mauvais rêve. Je ne pouvais plus dormir ; j'avais trop veillé, trop couru, trop cherché dans la vie des autres. Je ne gouvernais plus la mienne. Je ne pouvais contraindre ma volonté à être froide et calme comme il convenait à mes nouvelles attributions. Je voyageais en songe, je traversais des montagnes, j'enlevais des enfants qu'on me reprenait ; je m'égarais dans des cavernes, j'y étais poursuivi ou j'y poursuivais les autres. J'avais des curiosités insensées, des terreurs effroyables. Je m'éveillais baigné de sueur ou glacé d'effroi. Je me désespérais, j'avais un sommeil de parricide, et pourtant je n'avais voulu faire de mal à personne !

Quelquefois je ne voulais pas admettre le témoignage de ma conscience.

— Non, me disais-je, mes intentions ne sont pas sans reproche. Ce n'est pas dans le seul intérêt de Roger que j'ai caché l'autre enfant et que j'ai dérobé le secret de sa mère. J'ai été irrité contre elle, je me suis arrogé le droit de la juger, qui n'appartenait qu'au mari.

Et alors je sentais comme un poids écrasant sur ma poitrine ce mince fragment d'écriture que j'avais pris sur la poitrine de Salcède et que je portais comme lui dans un sachet : *Veille sur notre enfant !...* Je comprenais la puissance de ce talisman sur une âme dévouée. Que le rôle de Salcède eût été beau, si la femme calomniée eût pu lui écrire : *Veille sur mon enfant !* Voilà ce qu'elle eût pu me dire, à moi, et j'eusse donné ma vie entière à cette tâche sacrée, tout aussi bien que Salcède ; mais lui, où était le grand mérite de son dévouement envers son fils ? Il ne faisait que son devoir en réparant le crime d'avoir trahi l'amitié et perverti l'innocence d'une jeune femme.

Mais pourquoi ne pouvais-je pas envisager froidement toutes ces choses et attendre paisiblement l'avenir avec l'arme que je possédais ? — Non, je ne pouvais pas ; je ne savais pas être tranquille, j'avais besoin de condamner ou d'absoudre. Tantôt je me demandais pourquoi je n'agissais pas tout de suite auprès de la comtesse pour qu'elle renonçât à des projets funestes à Roger ; tantôt je me demandais si j'aurais jamais le courage de briser la fierté d'une femme si habile et le cœur d'une mère si passionnée. Si elle allait, en me voyant hostile, m'accuser d'avoir pour elle des sentiments indignes de ma raison et de ma dignité ? L'idée d'être humilié, ridiculisé par elle m'était insupportable, et, quand je me représentais la scène qui pouvait avoir lieu, je passais des heures d'insomnie à préparer les dénégations les plus blessantes sans en trouver de suffisantes pour me disculper. Et puis toute cette énergie tombait. Je me sentais faible et pris de vertiges. Je me représentais des larmes, comme autrefois à Sévines, et je me disais que je n'étais pas né pour ce métier de bourreau.

L'obsession de mes pensées devint si cruelle, que je résolus de ne plus penser du tout, et je fis la guerre à mes souvenirs comme un médecin poursuivant pied à pied la maladie. Je me mis au régime, au moral comme au physique. Je me cherchai, en dehors de mes occupations domestiques qui ne m'enlevaient pas assez à moi-même, une passion, une manie quelconque pour me détourner de l'examen de la réalité. J'essayai plusieurs choses. Je m'adonnai à l'horticulture. J'eus les plus belles roses à vingt lieues à la ronde; mais Roger me les cueillait pour les porter à sa mère, et je n'avais ni l'autorité pour l'en empêcher, ni le mérite de les offrir moi-même.

Je fis des essais de greffe et de taille pour les arbres fruitiers. On m'en fit de grands compliments; mais j'aurais voulu une occupation qui me donnât des jouissances élevées. Je m'imaginai de rapprendre la musique, que j'avais un peu étudiée dans ma jeunesse. L'intendant qui m'avait précédé avait laissé chez moi un vieux piano qui avait servi à sa femme et qu'on n'avait pas jugé valoir la peine d'être emporté. Je me mis en tête de le réparer, et j'en vins à bout. Je recollai les touches, je remis des cordes neuves, je regarnis les marteaux, je l'accordai, et enfin je le fis parler. Alors je rappris tout seul à jouer des valses et des romances, et même à en composer qui me parurent admirables, mais qui ne valaient rien et manquaient d'originalité. Roger, qui commençait à taper très-adroitement sur son piano et qui avait du goût, ne se gêna pas pour me dire que je n'y entendais rien, et se borna à admirer la patience de mon travail de luthier.

Je pris le goût des échecs avec l'abbé qui venait le soir me donner des leçons. Il me trouvait des dispositions, mais je ne réussis jamais à le battre. Enfin j'arrivai à prendre le goût d'écrire et j'essayai de composer des romans. Ce fut un amusement très-énergique, mais très-douloureux pour moi. Je retombais toujours dans les faits de ma vie personnelle. Je prenais le goût et le maniement de la forme, mais je n'avais pas d'imagination. Je ne pouvais rien supposer, rien deviner en dehors de ma propre expérience.

Un jour, — c'était en 1855, par une belle soirée de juin, je me rappellerai toujours cette date, qui apporta tant de changement dans mon existence morale, — j'étais au bout de mon courage. En proie à un véritable accès de *spleen*, je revenais d'une ferme où ma surveillance m'avait appelé, et je me dirigeais vers mon pavillon, où l'on m'apportait régulièrement des repas que je ne mangeais plus. Je suivais une falaise assez escarpée, et à chaque pas je me disais :

— Pourquoi vivre avec cette maladie incurable ? Il serait si facile d'en finir !

L'obsession devint si forte que je m'arrêtai devant une coupure à pic et sentis le vertige s'emparer de moi. Je n'y résistai pas. Il paraît que j'étendis les bras comme si j'allais me précipiter. Je n'en eus pas conscience et ne saurais dire ni si j'avais la résolution du suicide, ni si j'avais encore assez de force pour vaincre la tentation. Il me semble que je rêvais. Peut-être que je parlai sans le savoir. Tout à coup une voix me fit tressaillir, et je vis en face de moi madame de Flamarande qui me regardait avec effroi. Je recouvrai ma lucidité pour me découvrir et m'effacer contre le rocher afin de la laisser passer. Elle passa sans m'effleurer; puis, s'arrêtant :

— Est-ce que vous rentrez, monsieur Charles ? me dit-elle.

— Oui, madame la comtesse.

— Tout de suite?

— A moins que madame n'ait un ordre contraire à me donner.

— Non, merci.

LIV

Elle fit quelques pas et se retourna encore. J'étais resté immobile et la suivais des yeux, ne me demandant pas où elle allait ainsi à l'entrée de la nuit, cela m'était devenu assez indifférent ; mais, pensant avec amertume à l'espèce d'intérêt que j'avais cru lire dans son regard et qui n'était sans doute qu'une illusion de ma rêverie. Je fus donc très-surpris quand je la vis me faire signe d'aller à elle en même temps qu'elle venait vers moi.

J'obéis, et, quand je fus tout près :

— Pardon, si je vous rappelle, monsieur Charles, me dit-elle avec un sourire un peu contraint ; mais... est-ce que vous êtes sujet au vertige ?

— Non, madame ; je m'en suis guéri.

— Ah ! c'est que... tout à l'heure il m'avait semblé...

Et, s'interrompant, elle ajouta en riant :

— C'est que j'ai le vertige, moi, et que je regrettais de m'être engagée seule dans un sentier pareil. Si ce n'est pas abuser de votre obligeance, je vous demande de m'accompagner à cette cabane que vous voyez là-bas presque sous nos pieds.

— Que madame la comtesse me permette de passer le premier.

— Passez, et donnez-moi le bout de votre canne en la tenant de l'autre bout. Si peu que je sente un point d'appui possible, je ne suis plus tentée de broncher.

Je la conduisis ainsi sans dire un mot jusqu'à la cabane d'un pauvre pêcheur malade à qui elle portait des secours. Je pensais malgré moi qu'elle avait là quelque rendez-vous et qu'elle m'autoriserait facilement à la quitter; mais elle me pria d'entrer avec elle afin de la ramener après.

Elle entendait fort bien la charité ; elle n'était pas de ces femmes nerveuses qui surmontent violemment et inutilement le dégoût de la maladie et de la misère. Elle ne paraissait pas éprouver ce dégoût, mais ne faisait rien de superflu pour le braver. Elle envoyait le médecin ou le chirurgien et ne touchait une plaie que quand personne ne savait s'y prendre dans la famille. Elle n'allait en personne chez les malheureux que pour leur témoigner de l'intérêt et connaître leurs besoins. Elle y mettait une grande simplicité et se faisait aimer sans faire de frais pour poser la *bonne châtelaine*.

Au bout de quelques moments d'entretien avec le malade et sa femme, elle reprit avec moi le chemin du château par la plaine; c'était plus long, mais plus sûr, disait-elle. Je marchais derrière, je n'avais pas encore abjuré avec elle mes habitudes de domesticité; elle s'en aperçut et me dit sans affectation :

— Le chemin est assez large, donnez-moi donc le bras, monsieur Charles, on ne voit plus très-clair à se conduire.

Je lui présentai mon bras en silence. Une méfiance profonde s'emparait de moi.

— Elle sait tout, pensais-je; donc, elle me hait ou me craint. Peut-être Salcède s'est-il enfin aperçu de la substitution de son talisman. Elle veut le ravoir.

Mais elle me parla avec un grand naturel de toute autre chose que d'elle-même. Il ne fut même question que de moi. Elle ne marquait pas l'inquiétude que je lui avais supposée. Elle paraissait curieuse de ce que Roger appelait mes inventions. Elle m'interrogeait sur mes greffes de rosiers, sur l'habile réparation du piano, sur mes études musicales, sur mes parties d'échecs avec M. Ferras. Roger lui avait parlé de tout cela. Il n'y avait que mes études littéraires qui fussent restées connues de moi seul.

Comme elle me demandait à quoi je m'occupais avec le plus de plaisir, je lui répondis que j'avais le malheur de me dégoûter de tout au moment d'aborder les véritables difficultés, et je compris alors à ses réflexions que ma tristesse l'avait frappée ou lui avait été rapportée, et qu'elle s'en inquiétait charitablement. Je me tins sur mes gardes et renfermai l'amertume de ma vie au fond de mon cœur. Elle me quitta à l'entrée du parc en me remerciant de mon assistance sur un ton d'égalité qui me toucha; mais je me rappelai vite que c'était sa manière habituelle, je ne lui avais jamais vu avec personne un instant de hauteur.

Je fus pourtant très-ému de cette promenade, et ma misanthropie en augmenta d'autant. Le lendemain, j'étais seul à faire des comptes devant ma fenêtre ouverte, et, après avoir fermé le registre, je restais dans une fixité douloureuse, lorsque deux ombres passèrent sur le cuir brillant de ma table, et je fis un effort pour sortir de ma torpeur; c'étaient Roger et sa mère.

— Le voilà dans ses extases, dit Roger, qui avait alors un peu plus de treize ans. Tu vois, mère, quelle figure il a! Il ne rit plus jamais, même avec moi! Juge s'il est malade! Et il ne se soigne plus, lui qui se soignait trop auparavant. Je t'ai amenée pour que tu le confesses, car, pour sûr, il a quelque grand chagrin, et à présent je te laisse avec lui. Il ne te résistera pas, il te dira son ennui, et tu le lui ôteras, ou il avouera qu'il est malade, et tu lui feras promettre de consulter tout de suite très-sérieusement. — Allons, monsieur Charles, ajouta-t-il en allongeant le bras pour me prendre l'oreille, obéis à ton enfant gâté, ouvre ton cœur au bon Dieu, c'est-à-dire à maman.

Ayant ainsi parlé, le cher enfant disparut, et je restai seul face à face avec sa mère, qui, accoudée sur l'appui de ma fenêtre, plongeait dans mes yeux hagards ses yeux d'une limpidité pénétrante. Ce regard fut si franchement affectueux que j'en subis le magnétisme. Fasciné et surexcité en même temps, je ne saurais dire pourquoi, voulant parler pour nier mon mal, je fus suffoqué par des larmes qui m'empêchèrent de dire un mot.

Elle me regardait toujours, et elle me prit la main en me disant d'une voix qui brisa toute mon énergie :

— Pauvre Charles !

Il y avait tant de bonté, tant de sincérité dans son geste et dans son accent, que je perdis la tête et m'écriai, sans pouvoir ni choisir ni retenir mes paroles :

— *Veille sur notre enfant !*

Elle me regarda avec une surprise qui n'avait rien de joué, et je me hâtai d'ajouter, tout éperdu :

— Voilà ce que madame la comtesse veut me dire !

Elle quitta vivement la fenêtre en me faisant signe de la fermer, et elle entra chez moi par la porte vitrée, qu'elle referma derrière elle.

— Vous avez compris, me dit-elle avec feu. Je pensais à l'autre, à celui que vous aviez adopté alors que son père le repoussait et que sa mère désespérait de le retrouver. Charles, vous l'aimiez, je le sais ; pourquoi l'avez-vous abandonné ?

— Je l'ai abandonné, répondis-je, le jour où j'ai su qu'on vous l'avait rendu.

— Rendu !... Hélas ! je l'ai revu pour le quitter aussitôt, et je ne puis le voir que rarement et en secret. Vous savez bien cela, puisque vous avez deviné...

— Je n'ai pas deviné, madame, je sais..., je sais tout. Votre fils n'a plus besoin de moi.

— Vous savez tout !... Et M. le comte ?

— Il ne sait rien.

— Vous me le jurez sur l'honneur ?

— Et sur la tête de Roger.

— Je vous crois, Charles, oh ! je vous crois ! J'espérais que M. de Flamarande se doutait de la vérité et que je devais quelque chose à sa tolérance. Il persiste donc à m'accuser, car, pour agir comme il l'a fait, il faut qu'il m'outrage dans sa pensée. Je sais bien que cela est. Il me l'a assez fait entendre sans jamais me permettre de protester. Voyons,... le moment est venu, vous seul pouvez me dire la vérité, je veux la savoir. Suis-je accusée d'avoir cédé à la violence ou à la séduction ?

Elle parlait avec une assurance de fermeté qui

m'ébranla, et je craignis qu'elle ne m'arrachât tous mes secrets.

— Je supplie madame la comtesse, répondis-je, de ne pas m'interroger en ce moment où je me sens très-abattu ; un autre jour...

— Comme vous voudrez, reprit-elle. Ne parlons pas de moi, parlons de vous. Je vous vois très-malade en effet, et par une cause toute morale que je crois deviner. Vous me savez informée des événements de Sévines, et vous croyez que je ne vous pardonne pas le désespoir que vous m'avez causé. Eh bien, je vous l'ai pardonné absolument aussitôt que j'ai su par la Niçoise les soins que vous avez eus pour mon pauvre enfant; c'est elle qui a raconté comment, elle et vous, vous vous étiez prêtés à l'enlèvement pour éviter quelque chose de pire. C'est elle qui nous a révélé la déclaration de M. de Flamarande, que vous lui avez montrée. Vous l'aviez exigée, cette déclaration, elle aussi a voulu en avoir connaissance. Vous l'avez toujours... Je ne vous la demande pas, elle est dans vos mains, je suis tranquille. Vous ne m'accusiez pas, vous ! vous saviez, vous disiez que mon mari était en proie à un accès de folie. Quand il demanda à voir l'enfant, cette nourrice crut qu'il voulait... Ah ! mon Dieu, c'est affreux ! mais elle m'a dit que vous l'observiez et que vous avez sauvé mon fils. Après cela, comment ne vous aimerais-je pas, Charles ? Vous avez été bien habile à dissimuler, c'est vrai, vous m'avez laissé souffrir bien cruellement ; mais j'ai compris votre silence. Le jour où j'ai connu les faits, j'ai vu pourquoi vous aviez caché mon fils à Flamarande, et je sais que tout a été combiné par vous dans son intérêt et dans le mien. Vingt fois j'ai été sur le point de vous en remercier, mais votre attitude et votre regard me disaient clairement : « Ne me parlez pas, vous feriez échouer mon dévouement ! » ou peut-être étiez-vous engagé par serment avec mon mari, et je ne devais pas détourner de son devoir un homme si généreux et si austère ; mais vous m'avez crue aveuglée, injuste, ingrate, vous me l'avez fait sentir une fois... J'aurais dû parler ; que de chagrins cela eût pu épargner, de nous entendre ! c'était impossible alors, je ne savais pas tout, je ne vous connaissais pas assez. Je ne suis pas méfiante, mais il s'agissait de mon fils, et vous comprenez que pour un fils on soit capable de faire violence à tous ses instincts comme à toutes ses idées ; puis j'ai cru plus tard que vous teniez à ne pas être interrogé. Depuis longtemps déjà je vous vois réservé, sombre et soigneux de m'éviter. Je m'en inquiète, Roger s'en alarme,... et hier je vous rencontre dans ces rochers faisant la figure d'un homme qui a de mauvais desseins contre lui-même. J'ai eu très-peur pour vous, voilà pourquoi je vous ai demandé de m'accompagner, bien que je n'eusse en aucune façon le vertige. Allons, mon brave Charles, il faut à présent vous réconcilier avec la vie ; vous vous ennuyez, vous vivez trop seul, vous vous persuadez que personne ne vous apprécie et ne s'intéresse à vous ; vous vous trompez, vous êtes très-cher à Roger,... et à moi encore plus. Voici ce que je vous propose d'accepter...

Et, comme je faisais un geste de crainte :

— Oh! n'ayez pas peur! je ne vous offre aucun don, je vous connais ! Je veux seulement changer votre genre de vie, qui vous pousse à la consomption. Je veux que vous soyez notre hôte de tous les jours, c'est-à-dire que vous veniez dîner avec moi, Roger et M. Ferras. Vous ferez ensuite votre partie d'échecs. J'apprendrai, cela m'intéressera beaucoup. Ne résistez pas. Je sais ce que vous voulez dire : M. de Flamarande blâmera cette intimité. Il sera très-facile de la suspendre pendant les rares et courtes apparitions qu'il fait ici, et, si quelque autre personne s'offusque de me voir traiter amicalement l'homme savant et doux qui forme l'intelligence de mon fils, l'homme délicat et dévoué qui dirige les intérêts de sa vie matérielle, je vous assure que je ne me donnerai pas la peine de répondre. Dans la solitude où je vis, j'ai besoin de société, et je n'en puis trouver de plus convenable et de plus légitime. Vous savez que, quand Roger s'absente, je mange avec Hélène, et personne ne le trouve mauvais. Eh bien, nous ferons table commune, et nous formerons ainsi une famille de braves gens aussi parfaitement élevés les uns que les autres. Promettez-moi de commencer ce soir, Charles. Roger viendra vous chercher.

Et, comme je balbutiais une réponse vague et troublée, elle me tendit encore la main en disant : « C'est convenu, » et sortit.

LV

J'eus bien de la peine à me remettre de l'agitation qui suivit un événement si imprévu. Je me sentais pris dans un piége; je me demandais avec effroi comment je pourrais m'en tirer. La séduction de cette femme était irrésistible. Elle me savait nanti d'une pièce au moyen de laquelle elle pouvait contraindre son mari à lui rendre son fils, et dès lors rien ne serait épargné pour me mettre dans ses intérêts. Comment et pourquoi avait-elle tant tardé? Avait elle réellement compté sur ma loyauté inébranlable? Était-elle persuadée que je la croyais à l'abri de tout reproche? — Peut-être, car je n'avais révélé à personne au monde le rendez-vous du bois de Boulogne, non plus que mes découvertes ultérieures au Refuge. Elle pouvait donc espérer d'exploiter ma simplicité au profit de Gaston.

— Hélas! me disais-je, quel malheur pour moi

que cette victime de la sévérité conjugale ne soit pas une victime sans tache! Comme je serais heureux de me dévouer à elle, de lui rendre plus faciles et plus sûres les entrevues avec son enfant, de mériter sa confiance et de pouvoir me dire son sauveur et son ami, tandis qu'elle joue un rôle vis-à-vis de moi et va me forcer à en jouer un vis-à-vis d'elle!

Je n'étais pas encore décidé à profiter de son invitation lorsque Roger vint me chercher avec tant d'insistance et d'empressement qu'il me donna à peine le temps de faire ma toilette. Je me fis beaucoup prier. Ce dîner quotidien était très-incommode pour moi qui n'aimais plus à m'habiller et qui en avais fort peu le temps. Je ne mangeais pas, je serais un convive maussade. Mon admission à la première table me ferait des jaloux, des ennemis par conséquent. Je serais blâmé par M. le comte d'avoir accepté un pareil honneur. Roger n'écouta rien; quand il voulait quelque chose, il le voulait passionnément. L'idée venait de lui. Il ne concevait pas qu'elle ne lui fût pas venue plus tôt. Il en prenait la responsabilité auprès de son père. Enfin il me saisit par le bras et m'emmena de force, car il était déjà robuste, et j'étais affaibli par une maladie de langueur.

Le dîner était servi dans une petite salle où jusque-là M. Ferras avait mangé seul. Le brave homme, admis en même temps que moi et miss

Hélène à l'intimité de la comtesse, ne montrait ni surprise, ni satisfaction, ni embarras, ni déplaisir, ni curiosité. Peut-être était-il dans la confidence de quelque secret; peut-être était-il gagné à la cause de Gaston et chargé de me pénétrer; peut-être était-il l'insouciance même.

Nous fûmes servis par le groom que dirigeait miss Hurst. Cela ressemblait à une dînette d'écoliers prise en cachette du règlement. Évidemment madame voulait, en changeant ses habitudes et les nôtres se ménager l'occasion incessante de parler avec moi de ses joies ou de ses peines maternelles. Elle fut adorable de bonté, Roger étincelant de gaieté. L'abbé parut fort à l'aise. Hélène, occupée de nous tous, ne parut pas songer à elle-même. Je remarquai que la comtesse la traitait comme une amie; celle-là, je n'en pouvais douter, était dans toutes les confidences.

Après le dîner, madame alla au jardin, et chacun de nous à ses affaires; mais elle exigea que la partie d'échecs eût lieu au salon de huit à dix heures, comme elle avait lieu ordinairement chez moi. Cela fut réglé une fois pour toutes. Roger voulut essayer ce jeu sérieux et faillit en devenir fou. Il y renonça vite. Madame essaya aussi par complaisance ou par politique. Elle y prit goût et devint en peu de temps d'une très-jolie force. Quand je la gagnais, c'est qu'elle le voulait bien. Il venait rarement du monde le soir, et dans ces cas-là, l'abbé et moi, nous voulions nous retirer; elle nous obligeait de rester et de faire notre partie dans un coin. Je dois dire que personne ne fut scandalisé de me voir au salon. Ma réputation de probité et de savoir-vivre était établie dans le pays. Il y avait déjà quinze ans que l'on m'y connaissait.

Je m'étais attendu à des questions, à des insinuations, à de fausses confidences. Il n'en fut rien; madame ne me reparlait plus d'aucune chose secrète. J'avais refusé de me laisser interroger sous le coup de la première émotion, et, comptant qu'on y reviendrait, j'avais depuis préparé mes réponses; mais madame se le tint pour dit et n'y revint pas, ce qui semblait être un témoignage de haute déférence pour mon caractère. Elle causait d'autres choses avec moi, absolument comme elle eût fait avec son pareil, et jamais je ne surpris le moindre effort pour influencer mes idées au profit des siennes. Ce n'était pas une bienveillance particulière pour mon petit entendement; elle était la tolérance même, et tout le monde avait depuis longtemps remarqué que son genre d'esprit ou son caractère était tout l'opposé de ceux de son mari. Elle haïssait la dispute et permettait tout au plus la discussion. Elle était toujours et d'autant plus modeste qu'elle était devenue plus instruite, car depuis plusieurs années elle travaillait pour faire travailler son fils, et son intelligence s'était extraordinairement développée. J'étais plus à même qu'autrefois d'en juger, j'avais travaillé aussi.

C'était en somme une personne étrange à force de sembler parfaite. Elle était aimée de tous ceux qui l'approchaient un instant, et ceux qui vivaient auprès d'elle en étaient à l'adoration. Il fallait bien subir le charme de cette bonté pleine de naturel et de cette suave douceur. Je ne m'en défendis plus lorsque à la longue je vis que mon attachement ne me créait aucun engagement contraire à mes résolutions, et peu à peu je me sentis renaître dans cette vie nouvelle, qui était pour moi comme une réhabilitation après les choses humiliantes que j'avais cru devoir m'imposer. Mon antipathie pour la femme coupable s'effaça comme un mauvais rêve. Était-il possible d'exiger d'elle une réparation plus soutenue, une soumission plus héroïque à la volonté de son mari, un dévouement plus absolu au fils légitime, moins de trames ourdies contre son avenir, un sacrifice plus immense de son amour, passionné pourtant, pour l'autre enfant de son cœur ?

En tout temps, je la plaignais, mais il y en avait où j'étais forcé de l'admirer. J'avais besoin de me rappeler qu'elle avait pour consolation d'écrire à Salcède : *Veille sur notre enfant !* Je ne pouvais non plus me défendre d'une profonde reconnaissance pour la nouvelle existence qu'elle me créait ainsi sans conditions, et comme pour le seul plaisir de remettre à sa place un malheureux être trop longtemps déclassé. Il est bien vrai qu'après les extrémités auxquelles mon zèle m'avait porté, je n'étais plus aussi sûr que je l'eusse été dix ans auparavant, de mériter cette réhabilitation. Elle m'en croyait digne, elle ignorait mon long espionnage et ma terrible campagne au Refuge. J'usurpais donc ma place dans la haute estime qu'elle m'accordait.

Mais ignorait-elle absolument les excès de mon dévouement pour Roger? Salcède n'avait-il pas découvert ma ruse? ne me ménageait-on pas d'autant plus qu'on avait lieu de me redouter? Ces réflexions troublaient souvent mon sommeil. Je me voyais englué dans des relations intimes qui rendraient bien pénible mon opposition aux projets de l'avenir; mais ces projets existaient-ils? Voulait-on amener M. de Flamarande à être forcé de reconnaître Gaston? oserait-on jamais lever ce drapeau? espérait-on le convaincre et le séduire en lui montrant Gaston devenu par les soins de Salcède un petit prodige d'intelligence et de savoir? Non, on ne pouvait pas oser ceci ni cela. Attendrait-on la mort du comte? On pouvait attendre longtemps. Il était encore jeune et avait pris le dessus sur l'affection chronique dont il avait été longtemps menacé.

En somme, les années s'écoulaient sans qu'aucune tentative fût faite en ce sens, et sans que madame de Flamarande fît des absences possibles à constater. Je fis avec moi-même un compromis qui me rendit le calme intérieur. Je n'étais point rigoriste par système. Rien ne m'empêchait d'être l'ami discret et dévoué d'une femme excellente et charmante qui, mariée à un homme bizarre, avait cédé à un adolescent plus aimable et le gardait pour amant. Le fils de l'adultère exilé par le mari, non rappelé par la mère, adopté par le père véritable, tout cela pourrait être toléré, et je n'avais point à m'en mêler. J'avais craint qu'on ne voulût m'engager à protéger cette intimité et à introduire l'enfant illégitime dans la famille légale. Rien de pareil ne s'était produit. Je pouvais désormais être en paix avec moi-même, subir sans effroi le doux ascendant de la bonté loyale, me pardonner d'en avoir douté au point de chercher contre elle, à tout prix, des armes exceptionnelles, me retremper enfin dans un milieu où mes facultés trop longtemps refoulées trouveraient tout le développement qu'elles pouvaient espérer.

FIN DE FLAMARANDE [1]

---

[1]. L'épisode par lequel se termine *Flamarande*, a pour titre *les Deux Frères*.

CHATILLON-SUR-SEINE. — IMPRIMERIE E. CORNILLAC.

www.ingramcontent.com/pod-product-compliance
Lightning Source LLC
Chambersburg PA
CBHW060359170426
43199CB00013B/1924